すぐに役立つ
自閉症児の特別支援
Q&Aマニュアル

通常の学級の先生方のために

廣瀬由美子・東條吉邦・加藤哲文 編著

東京書籍

目　次

はじめに ──────────────────────────────── 4
マニュアルの使い方 ─────────────────────────── 6

● 自閉症の特徴と支援のポイント ─────────────────── 9
● 高機能自閉症・アスペルガー症候群の特徴と支援のポイント ─────── 13

◆ 学習面での支援 ───────────────────────── 17
　Q1　教師の話を聞きません。どうすればよいのでしょうか？ ─────── 18
　Q2　他の児童の話を聞きません。どうすればよいのでしょうか？ ───── 19
　Q3　状況に関係のない発言をするのですが… ─────────────── 20
　Q4　自分の好きなことに夢中になっていて、他の児童と同じ活動ができないのですが… ─ 21
　Q5　他の児童とは別メニューで学習した方がよいようですが… ─────── 22
　Q6　学習の準備や片づけに時間がかかりますが… ────────────── 23
　Q7　よく、ボーッとしていたり、何もしないで立ちすくんでいることがあるのですが… ─ 24
　Q8　授業中の"問題と思われる行動"への対応は、どうすればよいのでしょうか？ ─ 25
　Q9　体育の授業でよく起きることですが… ─────────────── 26
　Q10　音楽の授業でよく起きることですが… ────────────── 27
　Q11　図工の授業でよく起きることですが… ────────────── 28
　Q12　家庭科の授業では、どのような配慮が必要ですか？ ─────────── 29
　Q13　学習発表会や行事での劇活動でよく起きることですが… ───────── 30

◆ 生活面での支援 ───────────────────────── 31
　Q14　登下校時のトラブルへの対応は、どうすればよいのでしょうか？ ─── 32
　Q15　授業時間のけじめがついていないのですが… ────────────── 33
　Q16　授業時間に教室から出てしまいます。どうすればよいのでしょうか？ ─── 34
　Q17　クラスメイトとのトラブルへの対応は、どうすればよいのでしょうか？ ── 35
　Q18　集団での遊びに、なかなか参加できないようですが… ──────────── 36
　Q19　休み時間に、みんなと一緒に遊べないようですが… ──────────── 37
　Q20　みんなで使うものを独占してしまうので、困っているのですが… ──── 38
　Q21　係活動の指導では、どのような配慮が必要ですか？ ─────────── 39
　Q22　給食時間の指導では、どのような配慮が必要ですか？ ─────────── 40
　Q23　清掃時間の指導では、どのような配慮が必要ですか？ ─────────── 41
　Q24　行事への参加がむずかしい児童には、どのような配慮が必要ですか？ ── 42
　Q25　遠足や社会見学では、どのような配慮が必要ですか？ ─────────── 43
　Q26　運動会では、どのような配慮が必要ですか？ ────────────── 44
　Q27　参観日や入学式・卒業式などの行事では、どのような配慮が必要ですか？ ── 45
　Q28　避難訓練では、どのような配慮が必要ですか？ ─────────────── 46
　Q29　被服指導が難しい児童への対応は、どうすればよいのでしょうか？ ──── 47
　Q30　トイレ指導が必要な児童への対応は、どうすればよいのでしょうか？ ── 48

◆ 連携について ──────────────────────────── 49
　Q31　特殊学級に在籍する児童や、通級指導教室に通う児童への配慮は？ ──── 50
　Q32　保護者と連携する際の留意点は？ ───────────────── 52
　Q33　TTあるいは個別支援者による指導が必要な場合の配慮は？ ──────── 54
　Q34　専門機関への受診のすすめ方と受容過程の理解への配慮は？ ──────── 56

● 学校全体で取り組む支援体制 ──────────────────── 57
● より深く知るために ── おすすめ書籍一覧 ───────────── 59
■ 記録用紙 ── コピー用 ──────────────────────── 63

はじめに

　4月の学級開きは、子ども達はもちろんのこと、学級担任としても期待と不安で胸を膨らませる時だと思います。おとなしい子、泣き虫の子、いたずらっ子、明るい子、親分肌の子、しっかりした子、さまざまなタイプの子どもを目の前にして、今年はどんな学級経営ができるのか……明るいまとまりのある学級作りを考えるのは、どの先生も同じではないでしょうか。

　しかし、先生方がイメージする明るくまとまりのある学級経営の中に、一人一人の子どもの持ち味をどう生かすかが、先生方の頭を悩ますところでしょう。その際に、性格やタイプといった範疇だけでは理解しにくい子ども達がいることも確かです。その一つに、自閉症という障害がある子ども達がいます。この子ども達の中には、知的障害を伴う自閉症といった、ある意味では二重の障害を抱えて学校生活を送らなくてはならない子どももいます。また、知的な能力は正常ですが、自閉症のために困難をかかえているにもかかわらず、周囲に理解されにくい子どももいます。

　では、自閉症ってどんな障害なのですか？　私たち教師はどうすればよいのですか？　そんなご質問に答えるために、このマニュアルは作成されました。

　自閉症を一言で説明するのはとても難しいことです。このマニュアルでは、小学校の先生方に、学校生活で想定される自閉症の子ども達の問題や、抱えている困難を、まず理解していただくところから始めます。

　その工夫として、

① Q＆A形式で、各質問項目に従って説明していきます。自閉症の障害特性の理解のために《**自閉症の特性から考えてみましょう**》という見出しをたてています。これには、質問内容にそって、自閉症の障害特性からこのように理解していただきたいという編著者達の思いがあります。

② 《**支援のヒント1：自閉症児の指導例**》では、知的障害特殊学級や情緒障害特殊学級に在籍している自閉症児が、交流学習等で通常の学級で学習や生活をする場合を想定し、その際に起こりうる問題や、その支援方法を事例的に記述しています。（※ 知的障害を伴う自閉症児が通常学級に在籍していることもあります。）

③ 《**支援のヒント2：高機能自閉症・アスペルガー症候群の児童の指導例**》では、通常の学級に在籍していて知的に遅れがない自閉症児等を想定しています。知的に遅れはないといっても、自閉症という障害があるのですから、その特性を理解していただくために、学級で起こりうる問題や課題、その支援方法を事例的に記述しています。

④ 《支援のヒント1》《支援のヒント2》は、いずれも事例として紹介していますので、お読みになる先生ご自身が現在指導している自閉症児にぴったり合うとは限りません。むしろ、事例から障害の特性を理解していただいて、それをヒントに、先生方がその子どもにより適した対応を工夫されることが望まれます。

⑤ 自閉症児への指導法は、知的障害のあるなしにかかわらず共通していることが多いものです。そのため、《支援のヒント1》《支援のヒント2》で提案する指導例は、通し番号になっています。

現在指導している自閉症児がどちらに該当していても、診断名にはとらわれずに有効と思われる方法を選択していただくことをお勧めします。

⑥ 巻末に**記録用紙《指導の記録》**を用意しました。コピーをとり、児童の記録をとって、よりよい支援のために活用していただきたく思います。そうした記録の中から、それぞれの児童にふさわしい個別の対応のためのヒントが見えてくると思います。

　今、教育界では大きな転換期を迎えています。特殊教育は特別支援教育へと、従来の特殊教育の指導を受けてきている子ども達を含めて、今後、通常の学級に在籍していても、必要ならば十分なサービスを提供していこうと広がりをみせています。つまり、一人一人の教育的なニーズをしっかり受けとめて対応していく方向になりつつあります。その方策として、校内全体で支援を考える「校内委員会」が小中学校に置かれ、活動が始まっています（詳細は57～58頁参照）。

　そして、忘れてはいけないことは、特別支援が必要な子ども本人達のニーズ・声をどう集めるかということです。困難を抱えて一番困っているのは本人達です。とりわけ本マニュアルで取り上げている自閉症児たちは、ダイレクトにそのニーズを訴えることが苦手な子ども達です。その声やニーズをどう拾うのか、そのヒントはこのマニュアルの中にあると思います。

　小学校の6年間は、自閉症児にとっても長く大切な期間になります。6年間に適切な支援を行うことは、プロの教師である通常の学級の先生方にとって、冒頭に記述した「一人一人の持ち味をどう生かすか」という醍醐味のある課題への取り組みそのものにつながります。先生方が苦労されながら自閉症児への支援を考え対応していく姿は、ほかの子ども達もしっかり見ています。つまり先生方の取り組みは、実は児童へのお手本にもなるのです。どうぞ、さまざまな試行錯誤をしながら、チャレンジしていただきたく思います。

　本マニュアルの活用がきっかけとなって、自閉症児本人を含めた児童みんなが明るく小学校生活を送ることができ、また先生方もご指導を楽しめるようになればうれしく思います。

　最後に、この『すぐに役立つ自閉症児の特別支援Q＆Aマニュアル ― 通常の学級の先生方のために』を刊行するにあたって、『十人十色なカエルの子 ― 特別なやり方が必要な子どもたちの理解のために』（東京書籍）の著者である落合みどりさんから、多大なご協力をいただきましたことを、この紙面をお借りして深く感謝申し上げます。

編著者を代表して
国立特殊教育総合研究所　主任研究官
廣瀬　由美子

マニュアルの使い方

◆ 巻頭の **自閉症の特徴と支援のポイント** と **高機能自閉症・アスペルガー症候群の特徴と支援のポイント** では、自閉症児の特徴と支援について一般的な解説をしています。

◆ **Q＆A** ── 対応へのノウハウをQ＆A方式（各Q＆A 1～2頁）で簡潔にまとめてあります。

　　Q１～Q13 ── 学習面での支援に関すること
　　Q14～Q30 ── 生活面での支援に関すること
　　Q31～Q34 ── 関係者や関係機関等との連携に関すること

　各Q＆Aの構成
　　＜自閉症の特性から考えてみましょう＞ …… 質問項目に関連する自閉症の特性の説明
　　＜支援のヒント１＞ …… 自閉症児の具体例に基づいて、考えられる支援方法を記述
　　＜支援のヒント２＞ …… 知的障害のない高機能自閉症・アスペルガー症候群の児童の具体例に基づいて、考えられる支援方法を記述

◆ **記録用紙**（63, 64頁）── 先生方が児童の記録をとれるように、2種類の記録用紙を用意、記入しやすい方をコピーして使用

　・2種類の記録用紙ＡＢの共通項目
　　（記録者）…… 誰が記録したか分かるように、必ず記名するようにします。
　　マニュアル該当項目 …… Qの番号と指導した支援方法（支援内容やヒントになる方法が通し番号①②③～ で箇条書きになっている）の番号を記入。この欄を利用してその子の理解を深め、ふさわしい個別対応のためのヒントやコツをつかみ、より適切な指導につなげていきます。具体的な記入例は7,8頁を参照

　・記録用紙Ａ ……… 子どもの発言と行動（よかった言動・気になった言動の両方）を記録
　　児童の様子 …………………… 具体的な発言と行動について記入
　　指導内容・結果・経過 …… 具体的な記入例は7頁を参照

　・記録用紙Ｂ ……… 子どもの"問題と思われる行動"を記録
　　問題行動と経過 ……… 具体的な行動が「いつ」「どこで」「どのような状況で」「どんな風に起きたか」等を記入
　　考えられる理由と対応・結果 ……… その行動が何を意味しているか、その行動で何を訴えたかったのか等、教師が推測できる範囲で記入。またその時、教師はどのような対応をして、結果的に子どもはどうだったのかも記入。具体的な記入例は8頁を参照

★ このマニュアルは、通常の学級担任以外の先生方（例えばＴＴ、専科教師、特別支援教育コーディネーター等）にも使っていただくことを想定しています。学級担任が支援した場合と、音楽の専科教師が指導した時では、同じ児童でも情報が異なります。関係する教師がそれぞれの立場で同じ記録用紙に記録をとってファイルし、その情報を共有することで、子どもの支援や対応に広がりがでてきます。

★ このマニュアルのＱ＆Ａは、具体的な個々の事例をもとに、考えられる支援方法を提供しています。もちろん、必要が生じた時に必要なページだけ見ていただいて、すぐに役に立つように配慮されています。しかし、自閉症児は一人一人がとてもユニークです。自閉症と診断された子どものすべてがこのマニュアルに取り上げられた全項目に該当するわけではありませんし、実際に先生方が指導している子どもとまったく同じ事例が載っているとも限りません。まずは記録をとり、一人一人の子どもの特徴（よいところ・指導の対象とすべきところ）を記述してみてください。その中から、支援のコツを

つかんでいただきたく思います。それが積み重なった結果、私たちが提案するこの一般的なマニュアルが、一人一人の子どもに個別に対応したオーダーメイドマニュアルとしてアレンジされていくことを期待しています。また、それを、関係者間で連携する際の道具（ツール）として利用していただくと、いっそう効果的です。

● 自閉症の子どもたちが起こすどのような行動にも、必ずその理由があるとお考えください。そして、通常とは少し異なる、自閉症に特有な感じ方・考え方をその子どもたちがしていることを知って、あるいは想定して、対応することが重要です。

● 自閉症の子どもたちは、一人で行動する傾向があったり、集団行動がうまくできないからといって、まったく一緒にできないわけではありません。かといって、彼らにやみくもに集団での行動を強いることは、よい結果をもたらしません。集団の中でできることと、一人一人個別に対応した方がよいことがあるので、両方のバランスをとることが大切になります。

記録用紙A 記入例

指導の記録　No.1

児童氏名　〇〇〇〇〇

月／日 (記録者)	マニュアル 該当項目	児童の様子	指導内容・結果・経過 等
4/21 (担任)	Q9, ①	・今日の体育は、3クラス合同の最初の学年体育だった。学級ごとに並ぶ練習をしたが、集団が大きいせいか、いつのまにか列から出ることが多かった。	・〇〇児が気に入っている△△児の後ろに入れて、「並ぶ時は△△ちゃんの肩に触るんだよ」と声かけをした。また△△児には、〇〇児に場所を教えてやってほしいと頼む。本人と△△児の両方に声をかけてからは、逸脱する場面が少なくなった。〇〇児も△△児の支援は、素直に聞いているようだ。
5/12 (TT)	Q1 ⑧⑨	・算数のTTで3年3組に入る。〇〇児は、A先生の話を聞かずTTの自分に盛んに話しかけてくる。	・暫く個別に支援する。小声で「A先生は何を言っているのかな？」「先生のお話を聞きましょう」と言っても駄目だったので個別の指示を出して本人に復唱させた。本人は負けず嫌い(?)の様子がみえるので復唱は案外上手くいきそうである。
5/15 (担任)	Q17, 該当なし	・自分から友達を誘って遊びに出た。昼休み終了後、〇〇児に様子を聞いたところ、友達とウサギ小屋を見に行って楽しかったとの返事だった。	・友達と一緒に遊べたことで、「××君と遊べて良かったね。ウサギはどうだった？」と声をかけた。〇〇児はとても嬉しそうに説明してくれた。何気ない言葉かけだったが、私も声をかけて良かったという嬉しい気分だった。

7

記録用紙B 記入例

児童氏名 △△△△△　　指導の記録　　No.2

月/日 (記録者)	マニュアル 該当項目	問題行動と経過	考えられる理由と対応および結果
4/21 (担任)	Q16 ⑦,⑧	国語の授業で教科書を全員で音読させたところ、急に廊下に飛び出してしまった。 担任としては、音読の活動に入る前に、△△児には「みんなで大きな声を出して教科書を読むから、△△君も準備してね。」と声かけ。しかし大きな声は×かな？	一斉での音読のボリュームに△△児は耐えられなかったのか？ ↓ かといって、一人で廊下に出したままでは心配なので、授業を中断して本人に席に戻るように声をかけてすわらせた。 ↓ すごく嫌がり、再度出ていくので教務の先生に応援を頼む。 （教室を出てしまうことについては、校体で対応しないとまずいなあ……）
5/20 (養教)	Q25 ①③⑧	○○先生にたのまれて、1組の△△児の支援者として校外学習に行く。友達に一方的に話しかけていて、余りにしつこいので友達から注意されると腹をたててケンカになった。	△△児の興味が狭いので周囲の子供に話しかける内容がワンパターンであることが原因と思える。 △△児には、日頃から同じことを繰り返して質問しないことや、周囲の子供にはやさしく注意する、他の話を促すなど、具体的なことを指導していく必要あり。担任に後から報告した。

自閉症の特徴と支援のポイント

自閉症とは？

　現在の国際的な診断基準※DSM-Ⅳでは、自閉症は「自閉性障害」とも呼ばれ、「広汎性発達障害」という包括的な障害グループに含まれています。人口10,000人に対して約5人（最近では、人口1,000人に対して1人以上との報告もあります）、男子は女子の約4～5倍みられます。また、知的障害を伴う者から、知的には境界線から正常範囲にある者まで幅広く、在籍する学校も、養護学校・特殊学級・通常学級と、多岐に渡っています。（知的障害を伴わない者は特に、「高機能自閉症」または「アスペルガー症候群」と呼ばれています。これらの障害については、次の項で詳しく説明します。）

　自閉症の基本的な特徴は、①他者との相互的な関わりをもつことの困難、②コミュニケーションの質的な障害、③常同的な行動（同じ動作の反復や、一定の動作へのこだわりなど）や、特定の活動や興味へのこだわり、という3点にあります。これらの特徴は、単に発達的に遅れているとか、年齢相応の行動が少ないといったことだけではなく、そのふるまい方や、その行為の目的や意義が、障害のない人とは質的に異なっているところがあります。またこれらの特徴は、発達の経過や年齢の推移によって大きく変化することもわかってきています。

　次に、自閉症児・者の示す行動の特徴を、国際的な診断基準DSM-Ⅳの基準に沿って具体的に紹介していきます。

　　※ 現在、国際的に使われている診断基準には、アメリカ精神医学会の診断基準（DSM-Ⅳ）のほかに、世界保健機関（WHO）の国際疾病分類（ICD-10）があります。ICD-10では「小児自閉症」という名称が採用されていますが、最近では、「自閉症は小児期に限定される障害ではなく、生涯にわたって続くものである」とする見識が一般的になっています。

三つの大きな特徴

❶ 人とのかかわりの困難

(a) 通常ならば、人とかかわる際には話し言葉だけでなく、それ以外のコミュニケーション方法（非言語的コミュニケーション）も使っているものですが、自閉症児はこのようなコミュニケーション方法を用いなかったり、用いたとしても、ぎこちなさや困難がみられたりします。目と目で見つめ合うこと（アイコンタクト）、顔の表情をつくること、体の姿勢や身振りなどの困難となって現れることがよくあります。

(b) 発達や年齢に相応した仲間関係を作ることに困難があります。特に、年少の頃には他者に関心をもたず、他者からの接近を避けたり、一人でいることを好む傾向を持っていることがよくあります。加齢とともにしだいに交友関係に関心を示すようにもなりますが、人とのつきあい方（話し方や、会話のルールの理解など）に問題が生じ易くなります。

(c) 楽しみ、興味、達成感を他人と分かち合うことに困難が見られたり、自発的に他者と共有することが難しいことがあります。具体的には、興味ある物を指し示したり、友だちに見せたり、一緒に楽しむためにおもちゃを持って来るなどの行動が、年齢に比して少ないといった様子がみられます。

(d) 人との関わりや、情緒的な交流をもつことが少ないか、まったく見られないことがあります。具体的には、集団で遊んだりゲームなどに参加することよりも一人遊びを好む傾向があったり、他者と関わりを持っていると言うよりも他者を物や道具として扱ったり（高い所にある物を手に入れるために、他者の腕をつかんで誘導したり、常同行動をするための道具として他者の手を使うなど）、他者の存在に気づいていないかのようにふるまったりします。そのために、自分本位だと思われてしまうことがよくあります。

❷ コミュニケーションの困難

(a) 多くの自閉症児に話し言葉の発達の遅れがあり、中には年長になっても話し言葉がまったく見られないことがあります。また話し言葉を補うために、身振りやジェスチャーなどの非言語的コミュニケーション手段を使わない場合もあります。

(b) 会話の可能な者でも、会話を始めたり会話を続けたりする際に必要な技能(スキル)を習得していないことがあります。さらに、会話をする際に、音程、抑揚、速さ、リズム、あるいはアクセントにぎこちなさや異常が見られることもあります。

(c) 会話については、文法的構造の発達に遅れが見られ、特定の単語やフレーズを繰り返したり、同じテーマや内容にこだわることがあります。また、個人的で独特な言葉を用いることもあります。言語理解が遅れることも多く、単純な質問や指示を理解することができなかったり、同じ言葉でも状況によって意味が異なることがなかなか理解できないこともあります。

(d) 幼少期には特に、発達水準に相応した遊びが見られないことがあります。例えば、想像的な遊びやごっこ遊び、社会性をもった物まね遊びなどを全くしなかったり、したとしても形式的でぎこちなかったりします。

❸ 興味や関心の狭さやこだわり、反復的、常同的な行動

(a) 物事に対する興味や関心がたいへん狭いことが多く、例えば、日付、電話番号、時刻表、商標などの限られた物に異常なほどに興味を持ち続けることがあります。

(b) 同じ数のおもちゃを同じやり方で何度も繰り返し並べたり、テレビのタレントがする動作のまねを繰り返し行うことがよくあります。また、家具の配置換えや、新しい食器を使うといったほんの小さな環境の変化に対してかんしゃくを起こしたり、混乱してパニックに陥ってしまうかもしれません。このように、自閉症児は"同じであること"にこだわり、ごく小さな変化に対しても抵抗を示すことがあります。さらに、特定の習慣や儀式的なふるまいを示す場合もあり（例えば、毎日、同じ道順で学校に行くことなど）、周囲の人が従わないと強く抵抗することもあります。

(c) 常同的で反復的な運動反応として、手や指をぱたぱたさせたり、ねじ曲げる、または複雑な全身の動き、物を使った一定の動き（ひもを振り続ける）などを、周りの状況に関係なく行うことがあります。これらの行動は、傍からは奇異に映るかもしれません。

(d) 物の一部に対して持続的に熱中したり（例えば、ボタンや体の一部分）、動く物に対して強い興味を示すこと（扇風機や換気扇、ドアを閉めたり開けたりすること、早く回転する物体など）もあります。

以上のように、自閉症は、「①人とのかかわりの困難」「②コミュニケーションの困難」「③興味や関心の狭さやこだわり、反復的、常同的な行動」という三つの領域に、種々の障害があり特徴的な行動を示します。これらの特徴は、少なくとも3歳以前に現われるものです。

　自閉症の診断は、臨床経験のある医師が関係者から詳細に問診を行い、注意深く行動観察をして行います。DSM-IVでは、自閉症の診断基準を満たすために、各領域毎の項目数が決められています。

❹ その他の特徴

　上述の、診断に必須な三つの主な特徴の他にも、様々な行動面の特徴が見られます。例えば、感覚や知覚の異常や、様々な刺激に過敏に反応してしまう傾向、運動や動作のぎこちなさや不器用さを示す子どももいます。

　また、注意集中や注意の持続の困難や、不注意の状態、多動性や衝動性の問題（ADHDと重複する

問題）などが見られることもありますが、上述した自閉症の三領域の症状が認められる場合には自閉症と診断されます。

支援のポイント

❶「人とのかかわりの困難」への基本的な対応

　自閉症児の多くに、年少の頃には、他者に関心をもたなかったり、他者からの接近を避けたり、一人でいることを好む傾向がみられます。このような時期に強引に他の子どもと接触させ、集団活動を強いると、パニックに陥るだけでなく、人とかかわることを嫌うようになってしまう恐れがあります。逆に、関わろうとする人の方が徐々に接近したり接触するように配慮する必要があります。本人が拒否した場合は、決して無理強いしないことです。場合によっては、本人の好みのおもちゃや活動を通して、大人や少人数の子どもと関わらせていくような工夫が効果的なこともあります。

　その後、加齢とともにしだいに交友関係に関心を示すようにもなりますが、人とかかわる際に必要なコミュニケーション技法や、身振り動作やジェスチャーなどを学習する必要があることが多いようです。そこで、まず第一には、本人が好んだり、生活上必然性のある活動や遊びの機会を利用して、自ら進んでコミュニケーションがとれるような雰囲気を作っていく必要があります。その中で、適切な行動を模倣したり、実行させるような指導をしていく機会も増えていきます。

　かかわり方の技能や人とのつきあい方（話し方や、会話のルールの理解など）の学習を進めるとともに、不適切なかかわり方（これが、困った行動になることもあります）がみられた時には、その場で適切なかかわり方を具体的に指導していくことも必要です。その際には、本人のやりやすい方法を用いながら、徐々にその場の状況に合った行動ができるように配慮します。

❷「コミュニケーションの困難」への対応

　多くの自閉症児に話し言葉の発達の遅れがみられます。発語や発話技能の形成を目標とする一方で、すでに獲得されている子どものコミュニケーション技能に応じて、現実的な目標を設定します。コミュニケーション技能の獲得状況には個人差が大きく、加齢とともに変わっていくこともありますが、あくまでも本人の技能の獲得レベルに合わせて、コミュニケーション技能の形態を選択することが重要です（例えば、絵カードや文字カード、コミュニケーション・ボードなど）。また、（要求場面や、やりとり遊びの場面などでは）身振りや動作で表現するための指導が必要なこともあります。

　また、中には、自傷行動、他者への攻撃行動、かんしゃく行動等によって、コミュニケーションをとろうとする者もいます。これらの行動は、他者との関係を保ったり、社会的に受け入れられるために不利になりますので、そのような不適切な行動を持続させている要因（例えば、他者からの注意や注目を得るためとか、嫌いで苦手な活動や課題から逃げるためといった）を早急に突き止め、本人の技能のレベルに見合った適切なコミュニケーション技能を指導し、不適切なコミュニケーション技能の代替にする必要があります。

　会話の可能な者でも、会話技能が不十分であったり、発声や発語に異常が見られることもありますが、言語指導を行うことで問題を解決しようとせずに、まずは本人のこのような発達段階にあることを認め、本人なりの方法で他者とコミュニケーションがとれる機会を増やしていくことが大切です。そして、その中で、可能な限り適切な会話技能を徐々に身につけるよう指導していきます。

❸「興味や関心の狭さやこだわり、反復的、常同的な行動」への対応

　常同行動や自己刺激行動は、その行為自体は他者に危害を与えたり、迷惑をかけるものではありません。これらの行動は、本人の精神的な安定のために重要な役割を果たしていることもあります。しかし、自閉症児・者が、あまりにも多くの時間をこれらの行動に費やしていると、対外的、社会的に

不利益が生ずることになってしまいます。他者とかかわったり、社会的に有益な経験をもつ機会が少なくなってしまうからです。そこで、これらの行動を行う時間と場所には制限を加え、社会的、対人的な技能を学習する機会を増やしていく必要があります。しかし、そのために常同行動を物理的に制止させたり抑制させることは、かえって本人の混乱やかんしゃくやパニックを引き起こすことになります。本人に分かりやすいスケジュールや、納得できる交換条件（「○○が終わったらしてもいい」というような）を提示してルールとして取り決め、徐々に定着させるようにします。

　また、常同行動や自己刺激行動が急に増える場合には、特定の出来事や行事などへの不安や不満があることがあります。原因や持続させている要因を突き止め、不安や不満を取り除くための工夫と努力が必要となります。中には、生活場面で見通しがきかなくなったり、急な予定の変更などがあると、不安になって常同行動や自己刺激行動を行う者もいます。このような場合には、できるだけ本人の不安や混乱の原因を取り除くために、本人にとって見通しをもつことが可能なような生活上の手がかり（視覚的な手がかりが有効なことが多いようです）を与え、日頃の生活上の配慮を行うことで、このような行動が頻発するのを避けることができます。

　逆に、これまでこだわってきた物や活動を利用して、少しでも社会的に受け入れられ、他者とのかかわる機会を引き出せる行動や活動を新たに作り出すために、積極的に指導していく方法が有効なこともあります。

高機能自閉症・アスペルガー症候群の特徴と支援のポイント

高機能自閉症・アスペルガー症候群とは？

　「今後の特別支援教育の在り方について（最終報告）」の定義と判断基準（試案）では、『高機能自閉症とは、3歳位までに現れ、①他人との社会的関係の形成の困難さ、②言葉の発達の遅れ、③興味や関心が狭く特定のものにこだわることを特徴とする行動の障害である自閉症のうち、知的発達の遅れを伴わないものをいう。また、中枢神経系に何らかの要因による機能不全があると推定される。』と定義され、また、『アスペルガー症候群とは、知的発達の遅れを伴わず、かつ、自閉症の特徴のうち言葉の発達の遅れを伴わないものである。なお、高機能自閉症やアスペルガー症候群は、広汎性発達障害（PDD）に分類されるものである。』とされています。平成14年に文部科学省が実施した「通常の学級に在籍する特別な教育的支援を必要とする児童生徒に関する全国実態調査」からは、高機能自閉症やアスペルガー症候群と関連する「対人関係やこだわり等」の問題を著しく示す児童生徒は 0.8％（1,000人あたり8人）という数値が報告されています。

　高機能自閉症やアスペルガー症候群が知られるようになったのは最近のことです。また、健常との境目のない連続体であるという考え方から「自閉症スペクトラム障害（ASD）」と呼ばれることも多くなりました。これらの子どもたちは、言語発達や認知発達の問題が目立たず、むしろ流暢に話すことができたり、学業成績が良いこともありますが、集団での活動が苦手であったり、行動上の問題を起こしやすいため、しつけの出来ていない子、わがままな子、奇妙な子と思われがちです。従来の自閉症のイメージや障害児の概念とは、かけ離れた子どもたちであるとも言えるでしょう。しかし、脳の機能上の問題に起因する発達障害であることを認識して、適切な対応を行う必要があります。

診断の決め手となる特徴

❶ 他人との社会的関係の形成の困難さ

　集団行動がまったくできないことは少ないものの、人とのかかわりを持とうとしなかったり、一人でいたがることがあります。また、友達と仲良くしたいという気持ちがありながら、友達関係をうまく築けないでいることもあります。顔の表情や身振りから人の気持ちを読み取ることに困難がある、かかわり方が一方的、周囲の人が困惑するようなことを言ってしまうといった理由から、結果的に、周囲から浮いてしまうことも多いようです。

❷ 言語やコミュニケーションの問題

　高機能自閉症の子どもでは、幼児期に言語発達の遅れがあり、話すことができるようになってもオウム返しが多く、会話にならない時期が長く続くこともあります。一方、アスペルガー症候群の子どもでは、言語発達の遅れはなく、むしろ語彙が豊富でおしゃべりなこともあります。どちらの場合でも、回りくどい話し方をしたり、独特な言葉を使ったり、含みのある言葉の本当の意味が分からず、字義通りに受けとめてしまったり、会話の仕方が形式的で、抑揚なく一方的に話すといった特徴がみられます。

❸ 興味や関心が狭く特定のものに強くこだわること

　自分なりの独特な日課や手順が決まっており、その変更を極端に嫌がったり、手や指をぱたぱたさせるなどの自閉症に特有な反復的な常同行動がみられる場合もあります。特定のものを集めたがることも特徴の一つです。特定の分野（例えば、鉄道や暦など）の詳細な知識を持っていたり、丸暗記が得意なこともあります。高機能児（注：高機能自閉症児・アスペルガー症候群児の両方を含む。以下

同様）で特定の考えに強く固執する場合には、自閉症に特有な認知の仕方をしていることを理解して対応しないと、しばしば問題がこじれ、時には強迫的になることがあります。

　自閉症児はごっこ遊びやふり遊びをしないとよく言われますが、高機能児の場合は、ごっこ遊びやふり遊びをしているように見えても、実際は何かのキャラクターになりきっているだけだったり、テレビなどで見たシーンを再現しているだけのこともあります。

　　注：高機能児の場合は、幼児期にさかのぼって聴取しなければ判断がつかないこともありますが、行動特徴の類似性から、ADHD（注意欠陥多動性障害）と診断されているかもしれません。また、学習上の困難が伴っているケースでは、学習障害としての対応が必要なこともあります。

特徴的な行動の原因について

　これらの行動の基盤には脳の機能に問題があって、『対人的な情報への絞り込みが自動的に働かない』のではないかと推定されています。また、恐怖感や不安感が強い場合も多く、通常では些細なことと思えるような事柄に強い苦痛を感じ、パニック状態に陥ってしまうこともよくあります。視覚、聴覚、触覚、味覚、嗅覚などの感覚の異常（過敏や鈍感）もしばしば認められ、奇妙に見える行動や偏食の原因となっている場合も少なくありません。さらに、アスペルガー症候群の子どもでは、全身を協調して使う運動が苦手、動作がぎこちない、手先が不器用といった運動機能（粗大運動・微細運動）の困難を合併していることも多いようです。このような感覚面や運動面の問題も、脳の機能の偏りに起因する可能性が強いと考えられていますが、発症の原因や症状形成のしくみは、まだ明確にはなっていません。

支援プラン作成上の留意点

　対人関係に支障をきたしやすい子どもへの支援プランを作成する前提として、以下のような点に十分に留意することが不可欠です。

❶「本人自身の困難を少しでも減らす」という視点

　社会的にふさわしくない行動や突飛な行動が多い子どもでも、まず、本人の抱えている困難を十分に理解する必要があります。単に行動を改善することを目標にするのではなく、『① 問題と思われる行動は周囲の状況と本人の発達段階が合っていないことの現れである。② 問題と思われる行動は周囲と本人の両方にとって良くない結果を生む。③こうした悪循環を断ち切る必要がある。』という視点に立つことが大切です。

❷ 通常とは違う感じ方や考え方の尊重

　社会的にふさわしくない行動を減らし、社会的不利をなくすための努力は必要ですが、感じ方や考え方の違い（特異性）は尊重される必要があります。人と違っていることを頭ごなしに否定されてしまうと、自信をなくしてしまうことがよくあるからです。

❸ 本人のニーズに応える支援

　認知・感覚・身体運動面の困難が大きく、クラスメイトと同じように行動できないことに悩んでいる場合と、人への関心が薄く自分なりの考え方を持っている場合とでは、本人のニーズが異なります。それによって、支援方法を変える必要があります。

❹ 信頼関係の形成

　「この人なら安心できる」という人の指示を受け入れ易い傾向があります。また、聴覚が過敏な子どもでは、穏やかで低いトーンで話すと聞き入れやすいようです。

❺ **本人の心情への配慮**

　本人自身が困っていることを自覚している領域では、積極的に指導できることが多いものですが、本人の抵抗や精神的な負担が大きい領域では、無理強いすると人との関わりを拒絶するようになってしまうことがあります。また、不安を感じやすいことに配慮すること、「できること」を増やすこと、本人が有能感を実感できるように努めることが大切です。

高機能自閉症・アスペルガー症候群の児童への支援のポイント

　一見、ふつうの子どもと変わらないように見えても、高機能自閉症やアスペルガー症候群の子どもは、自閉症としての特有な困難を抱えており、自閉症の特性に基づいた支援や配慮が必要です。また、一人一人の状態の違いも大きく、個々のニーズに応じて支援や配慮をすることが不可欠です。

❶ **人とのかかわり**

　他児とのトラブルの多い子どもや、かかわり方が一方的な子どもに対しては、人との適切なかかわり方をソーシャルスキルとして指導することが中心になります。集団内には入っているけれど人とのかかわりを持てていない子どもの場合は、無理に友だちを作ることを目指すのではなく、「人とのかかわりを持たないことが、本人自身が社会生活をしていく上で不利になる」という観点から指導します。かかわり方が不適切な場合でも、かかわりを持とうとしない場合でも、本人の気持ちを尊重しながら、孤立してしまわないように配慮することが大事です。

　また、(人の方を見る、顔の表情や身振りなどから人の気持ちを読み取る、顔の表情や身振りなどで自分の感情を表すなどといった) 非言語的なコミュニケーション行動に問題があって、適切なかかわり方が持てずにいる可能性も考慮に入れた支援を行います。

❷ **指示の出し方とコミュニケーションの問題への対応**

　高機能児の場合でも、(視覚と聴覚といった) 複数の入力情報を同時に処理することの困難が見られることがあります。口頭での指示だけでは内容が伝わらない、人に注意が向かない、自分に向かって指示されていることがわからない、といったこともよくあります。目で見た方がわかりやすいのか、耳から聞いた方がわかりやすいのか、といった個人の特徴をつかんでおく必要があります。どちらの場合でも、「指示や情報はシンプルに提示する」「できるだけ省略を避け、何が起き、何をすればいいのかを明確にする」といった配慮が必要です。また、言葉の表面的な意味しか分からず字義通りにしか解釈できない、慣用表現の意味が分からない、独自の決まり文句や本人にしか意味の通じない言葉を使うといった特徴がみられます。これらの言葉の問題が原因で、トラブルが生じていることもあります。トラブルを防止するためにも、言葉の意味や状況に応じた使い方を教えておく必要があります。

❸ **固執行動やこだわりへの対処**

　固執行動やこだわりは、消去することを目指すのではなく、社会的に妥当なものに置き換えていくことが望ましいと考えられます。順序への固執がある場合には、はじめから全部を変えさせようとせずに、最も変えやすい一部分だけを変更することから取りかかる、初めてのことをする時には順序への固執を逆に利用する、といった工夫が有効なこともあります。不安感の強い子どもには、「見通しが立つよう、スケジュールを伝えておく」ことが不可欠ですが、急な予定変更に対処できないこともあるので、「予定の変更はなるべく避ける」「予定を変更する時は事前に伝える」といった配慮も必要です。こだわり行動の中には、不安やストレスを解消するために役に立っているものがあります。しかし、こだわり行動は本人の情緒的な安定のために必要だからといって、人を巻き込んだり人に迷惑をかけるようなこだわり行動までもそのままにしておくと、次第にエスカレートして、本人も周囲の人たちも困る結果になります。そうしたこだわり行動には、制限を加える方向で指導します。

❹ 感覚の特異性への配慮

　聴覚が過敏で、特定の物音や甲高い声に強い不安感を感じたり、触覚が過敏で身体接触や衣服の材質に強い不快感を感じるといった症状が、比較的多くみられます。刺激が強かったり、突然だったりすると、パニックを起こすこともあります。聴覚が過敏な子どもでは、耳ふさぎがよく観察されます。また、その場ではあまり反応をせずに我慢できる子どももいますが、不快感を抱え込んだままになっていることがあります。このような場合、常同行動が増えるといった様子が見られるかもしれません。いずれにしても、無理強いは禁物です。不快な刺激が少なくなるように工夫するといった配慮が必要です。しかし、予測がついたり、理由や原因を明らかにすることで不安がなくなる場合もあり、また、成長と共に過敏性が穏やかになっていくこともあるので、個に応じた配慮が必要です。

❺ 支援の連続性

　状況の変化に対して柔軟に対応することに困難がある自閉症児への支援には、連続性を保つことが不可欠です。しかし、自閉症児は一般に、特異な発達経過をたどることが多いものです。高機能児で学習や言葉の遅れがなく、見た目には問題がないような場合でも、継続した支援を必要とすることがあります。対応がうまくいっていると、心配がなくなったと思われがちになりますが、必ずしも本人自身が様々な社会場面に対処する力をつけたわけではなく、周囲の方がうまく合わせているので問題が起きずに済んでいるのかもしれません。目立った問題と思われる行動はないけれども、身体症状（胃腸の病気など）として現れている場合もあり、本人にも自覚がないままに長期に渡って我慢し続けた結果、突発的な不適応行動となって現れることもあります。また、成長と共に、新たな問題が発生することも考えられます。何れにせよ、本人の精神的な負担に配慮しながら、社会の一員として巣立っていくために必要な社会的スキルの向上をはかるように心がけることが大切です。

特長を生かすために

　高機能自閉症やアスペルガー症候群の長所（強み）としては、記憶力の良さ、狭いが強い興味が持続するといった傾向があります。そうした傾向を生かして、科学や技術、芸術、翻訳などの分野での優れた知識や技能を習得できている人もいます。しかし、高機能自閉症だから、アスペルガー症候群だから、みな一様に上記のような知識や技能を習得できるとは限りません。高機能自閉症やアスペルガー症候群の子どもは、一人一人が違う"特長"を持っていて、その"特長"を活かすための方法も一人一人違っています。一人一人に固有な"特長"を活かしていくために、今、何ができるかという視点から、支援を行っていくことが大切です。

学習面での支援

Q1	教師の話を聞きません。どうすればよいのでしょうか？	18
Q2	他の児童の話を聞きません。どうすればよいのでしょうか？	19
Q3	状況に関係のない発言をするのですが…	20
Q4	自分の好きなことに夢中になって、他の児童と同じ活動ができないのですが…	21
Q5	他の児童とは別メニューで学習した方がよいようですが…	22
Q6	学習の準備や片づけに時間がかかりますが…	23
Q7	よく、ボーッとしていたり、何もしないで立ちすくんでいることがあるのですが…	24
Q8	授業中の"問題と思われる行動"への対応は、どうすればよいのでしょうか？	25
Q9	体育の授業でよく起きることですが…	26
Q10	音楽の授業でよく起きることですが…	27
Q11	図工の授業でよく起きることですが…	28
Q12	家庭科の授業では、どのような配慮が必要ですか？	29
Q13	学習発表会や行事での劇活動でよく起きることですが…	30

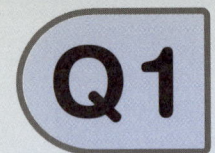

Q1 教師の話を聞きません。どうすればよいのでしょうか？

自閉症児は、教師の学級全体への指示だけでは行動できずにぼんやりしていることがあります。また、授業中も教師の話を聞いていないかのようにふるまうことがあり、指示内容の理解が他の子どもより遅れる傾向もみられます。

自閉症の特性から考えてみましょう

- 自閉症の子どもの多くには、言語理解の困難があり、話の中で意図されていることを読み取ることが苦手です。
- 注目するように言っても教師の方を見ないので、話を聞いていないように見えることがあります。
- 集団で活動する時には、話している人に注意を向けることが難しい場合もあります。そのため、人の話を聞けず、教師の指示に従った行動ができないことがあります。また、授業場面などでクラス全体に指示を出された時に、その指示が自分に対しても向けられているものだと受け止めて対応することができないこともあります。
- 朝の当番の仕事など、流れがいつも決まっている活動を実行している時には、教師がその場で出した指示を一切聞かずに黙々と自分の仕事に取り組んでしまうかもしれません。
- また、一つ一つの語句の理解には遅れがなくても、文章としての理解に困難がみられたり（助詞の理解が難しいことが多い）、話の一部（特に、子どもが興味を持っている単語やフレーズなど）だけを聞いて活動を始めようとする傾向のある子どももいます。一般的には「人の話を聞かない」と解釈されがちな行動ですが、このような国語力の問題があることも考えられます。

  ※ 教師からの質問に答えられないからといって、話を聞いていないと解釈しない方がよい場合もあります。自閉症児は一般に、聞き方が具体的でないと質問の意味が分からない、質問が長かったり複数の質問を同時にされたりすると、何を答えればよいか分からなくて混乱する、といった困難があることが多いからです。

支援のヒント1●自閉症児への指導例

小学校2年生の知的障害を伴う自閉症の男児。学校生活の様々な場面で、ほかの子どもと同じように行動することが難しいようです。学級では、個別の支援者がいないと学習の成立が難しいため、現在は母親が学校へ来校し個別に支援して学習を行っています。このような場合、支援の方法としては以下のようなことが考えられます。

① 教師の方を向くように、こまめに声かけをする。特に低学年の場合は、1対1でしっかり指示をする。
② 指示内容はできるだけ簡単に、時には単語（キーワード）のみで指示をする。
③ 学級の中では、座席を一番前のすぐ声を掛けられるところにして、注意を向けるために名前を呼んだり肩に手を置くなど、子どもが気がつくような合図を取り決めておく。
④ 場合によっては、介助者（TTの導入や補助教員）の配置を検討する。
⑤ 介助者と担任との役割分担を明確にする。
⑥ 母親が介助につく場合は緊密に連絡を取り、介助内容や方法を話し合うようにして、1日の終わりに確認をする。

支援のヒント2●高機能自閉症・アスペルガー症候群の児童への指導例

小学校6年生の高機能自閉症の男児。集中力がなく教師の話を終わりまで聞くことができません。教師の話の途中で自ら判断をして活動を始めてしまい、教師の意図した指示とは違うことをすることがあります。興味のない事や自分ができないと思った事は参加しないこともあります。このような場合、支援の方法としては以下のようなことが考えられます。

⑦ おおまかな流れや目的を手短に説明した後で直ちに活動を開始する、活動をいくつかのブロックに区切り「指示を受けてすぐに実行、確認」の繰り返しになるようにするなど、子どもの集中力に合わせた進行を考える。やむをえず長い話をしなければならない時には、要点がはっきり分かるように話すことを心がける。
⑧ 教師がグループ活動を指導する機会を利用して、小さな集団で話を聞く練習をする。徐々に、集団の規模を大きくしていくとよい。
⑨ 指示を復唱させるなどして、指示が聞き取れたかどうか確認する。
⑩ 指示内容を紙に書いたプリントをあらかじめ用意しておき、視覚的にも理解できるようにする。（文字に書いて列挙した方が理解しやすい子どももいれば、図や絵にした方が分かりやすい子どももいるので、子どもの特性に合わせたものにすると、なお効果的。）
⑪ できないと思ったら教師の支援を求めることを約束し、支援を求める方法や合図を取り決めておく。
⑫ 興味のない活動、あるいは自分ができないと思った活動に関しては、個別に支援をするなど、少しずつでも参加することを学習させる。（授業に参加させることを諦めて、ほうっておくことのないようにする。）

Q2 他の児童の話を聞きません。どうすればよいのでしょうか？

自閉症児は、友達の話を"聞く"ことができなかったり、自分の言いたいことだけを一方的に話してしまうために、授業中に行う小グループでの話し合い活動などがうまく進行しないことがあります。

自閉症の特性から考えてみましょう

- 自閉症児の多くは、ことばの発達に遅れや偏（かたよ）りをもっています。話し言葉の理解が難しいものの、両親や教師などの大人が本人に分かるように配慮して話しかけているので聞くことができている子どもの場合では、子ども同士の会話ではそのような配慮がなされないために、話が聞けないことがあります。特に、言葉の理解に遅れのある子どもの場合は、内容や意味の説明をする必要があるため、さらに難しくなります。
- 話し言葉の聞き取りや、必要な情報を選択して注意を向けることが苦手な自閉症児の場合には、周囲の雑音と人の声が同じレベルで耳に入ってしまい、話している友達の声を聞き取ることができないことがあります。話し合い活動では、複数の人が代わる代わる発言したり、教室全体が騒がしいために、より一層聞き取りにくくなります。
- 中には、聴覚が過敏なために、他の子どもの甲高い声を拒絶してしまう自閉症児もいます。また、話し方やアクセントのおもしろさに気をとられてしまったり、音として聞いてしまうために、言葉として聞き取れていないこともあります。
- 雑談的な会話では、相手の話の中から中心となるテーマを聞き取り、そのテーマに沿って自分の意見を述べ、さらに相手の発言を聞くことが必要になりますが、ある程度の会話が可能な自閉症児でも、そのような双方向のコミュニケーションが難しいことが、自閉症の特性の一つです。
- 周囲の状況とは無関係に、自分が興味関心を持っている話題を一方的に話してしまう子どももいます。「こだわり」が強いために、常に自分が興味関心を持っている話題だけを話していることもあります。相手の表情や場の雰囲気を読み取ることが苦手で、いつまでも話を続けたり、平気で話に割り込んだりすることもあります。

支援のヒント1●自閉症児への指導例

小学校3年生の知的障害を伴う自閉症の男児。字を書く・工作するといった学習はできますが、話し合い活動になると集中できなくなります。特に友達の話はほとんど聞いていないようです。このような場合、支援の方法として以下のようなことが考えられます。

① 「○○さんが大事なことを言うからよく聞いて」などと声をかけ、前もって注意を向けさせる。
② 発言にゆとりのある子どもには、「◇◇君も聞いて下さい」とか「◇◇君分かりましたか」と声をかけてもらうようにする。
③ 子どもの発言の要旨を板書しながら話し合いを進めたり、絵やカードなどの視覚情報で補って分かりやすくする。
④ グループの話し合い活動を行う時間は、可能ならTTを利用したり補助教員をつけるなどして子どもの話を「通訳」する。

支援のヒント2●高機能自閉症・アスペルガー症候群の児童への指導例

小学校6年生のアスペルガー症候群の女児。不自由なく日常会話ができる言語能力があるのですが、相手の話をほとんど聞かないで、自分の言いたいことだけを一方的にしゃべってしまうため、友達との自然な関係が作りにくい子どもです。このような場合、以下のような支援の方法が考えられます。

⑤ 「自分の好きなことをみんなが好きとは限らない」「趣味や興味関心はそれぞれ違っている」ということを折に触れて教える。
⑥ 友達が話をしている時には、「まず話を聞くこと」を教える。話したいことがある時には、いきなり話し始めずに、手を挙げたり、「すみません、意見があります」と言って承諾を受けてから話し始めるように教える。
⑦ 放課後など可能ならば、話のやりとりの練習をする。（教材に、学校や家庭を舞台としたマンガやアニメを活用して指導してもよい。）
⑧ 本人が興味関心を持っている話題につき合う時間を別に設けて、本人の気持ちを満足させるようにする。
⑨ 苦手とする即時応答の会話の技能を高めることばかりに目を向けず、自閉症児が比較的得意とすることの多い、画像や文章によるコミュニケーションやインターネットをうまく活用する。

Q3 状況に関係のない発言をするのですが…

自閉症児の多くは、自分の興味のある事柄についておしゃべりを始めてしまうと、何度か声かけをしても、なかなか止めることができません。また、状況に関係ない言葉を突然言い出すことがあります（発言というよりも、コマーシャルのフレーズやアニメのせりふ等のこともあります）。

自閉症の特性から考えてみましょう

- 人とのかかわりがまだ成立しておらず、言葉はしゃべれてもほとんど独り言で、人に対して発言していない段階にあることも考えられます。
- 言葉の使い方、会話の仕方が未熟で、かみ合った会話にならないことがあります。
- 耳にした単語からイメージが浮かんで、そこから周囲の状況とはまったく関係のないおしゃべりが始まってしまうことがよくあります。
- その話題を話してよい状況、いけない状況の判断が難しいことがあります。そのため、状況に合わないことを理由に無理におしゃべりを止めようとしたり強く叱ったりすると、パニックになってしまうこともあります。
- 自閉症の特徴の一つに遅延エコラリアといって、以前覚えた単語や言葉が遅延して（つまり後から関係ない場面や状況で）出ることがあります。

支援のヒント1●自閉症児への指導例

小学校6年生の知的障害を伴う自閉症の男児。授業中、学習に関係のないことを大声で話し、話を止めることがなかなかできません。話すことに夢中で、一人で満足しているようです。このような場合、支援の方法としては以下のようなことが考えられます。

① 日頃から、どのような場面で大声になるのかを観察する。
② 大声で話し始めていることを本人に教えるための合図を取り決めたり、身体に触れて注意を喚起しながら「おしまい」等の声をかけるようにする。
③ 休み時間などに教師と話をする時間を作れる場合は、前もって話を聞く約束をしておき、授業中に話し始めたら「話は休み時間にしましょう」と言う。
④ 学習内容が子どもに合っていないため、「つまらない」というサインと推測される場合には、別課題を与えてみる。
⑤ 以前覚えた単語や言葉を、状況に関係なくしゃべり始めた時（遅延エコラリア）には、周囲の子どもがそれを聞いて笑ったりするなど過剰な反応をしないように、学級の児童に話しておくことも必要です。

支援のヒント2●高機能自閉症・アスペルガー症候群の児童への指導例

小学校5年生の高機能自閉症の男児。知的能力は高いのですが、状況判断が苦手で、自分の話したい特定の話題について長々と話すことがあります。このような場合、支援の方法としては以下のようなことが考えられます。

⑥ 授業終了前の5分間や休み時間を「話をする時間」とし、可能な限り本人が満足して話せる時間を設定する。
⑦ 「自由研究の時間」を作って各自の興味のあることをまとめ、発表する機会を設けたり、教師が各自の興味について努めて話題にすることで満足することもある。（ただし、教師が話題にしたことをきっかけに話が始まって止まらなくなってしまうような場合は、一考を要する。）
⑧ 場面にふさわしくない発言をしている時には、「その話題は、今、話してはいけません」と、明確に伝える。
⑨ 個別指導の時間を設け、「一人でしゃべりすぎない」「その場に適切な話題を選ぶ」といった、会話のルールや話し方のスキル（技能）を教えていく。可能なら、特殊学級の先生や通級指導教室の先生に相談したり応援を求めるのも重要。
⑩ クラスの他の児童が誤解したり不満を抱くことが考えられるので、「本人には悪気がなく、ついつい話をしてしまうこと」を説明し、「話し始めたら、そっと教えてあげる」ようにクラスの他の児童に指導する。

Q4 自分の好きなことに夢中になって、他の児童と同じ活動ができないのですが…

自閉症の子どもには、一つまたはいくつかの興味のあることに熱中したり、何度も何度も同じことを繰り返す特徴があります。

自閉症の特性から考えてみましょう

- 自閉症児は、自分の興味やこだわりが優先してしまい、対人関係を作ることや集団を意識して活動することが苦手です。
- 自分の「こだわり」が学校内にある場合は、毎朝必ず確認することを日課にしているかもしれません。例えば、換気扇などの回るものや動くものが大好きで、登校すると学校中の換気扇を点検に走り回り、いつの間にか学校中の換気扇の場所をすべて知っていることがあります。
- 学校にいても家にいても、周囲の状況に関係なく自分の「こだわり」行動に終始する傾向のある子どももいます。

支援のヒント1●自閉症児への指導例

小学校2年生の知的障害を伴う自閉症の男児。水へのこだわりが強く、気がつくと校門近くの池の所へ行って水に触れ、感触を楽しんでいる様子です。このような場合、支援の方法としては以下のようなことが考えられます。

① 池のところに行ってもよい時間を取り決める。休み時間ならよいが授業中はダメという方向にもっていくようにするが、はじめのうちはなかなか理解できず、その場での対応や指導が必要になるかもしれない。時間をかけ、根気よく指導する。（理解できたと思った後でも、何度か連れ戻さねばならないことも想定される。）
② 遊びを楽しむ発達段階にあると考えられる場合には、水以外に興味を持っている物を探って、他の遊びや活動にも誘ってみる。
③ 許容できる行動に置き換えていくために、池以外の場所でする水遊びに誘導する。また、授業や生活指導の一環に取り入れられる活動や、教室内にあるものを用いた活動に置き換えられないかどうか検討する（例えば、「生き物係」として友達と一緒に水槽洗いの当番活動などをやらせる）。
④ 周囲の子どもにも「○○君は今こんなことをがんばっている」と伝えて、指導内容を理解してもらい、できれば協力するように要請する。

支援のヒント2●高機能自閉症・アスペルガー症候群の児童への指導例

小学校4年生の高機能自閉症の男児。彼はある映画に夢中になっています。授業中であろうと、休み時間や食事中でも、ちょっとしたきっかけで映画の話を始めてしまい、周囲の状況とは関係なく一人で楽しんでいます。このような場合、支援の方法としては以下のようなことが考えられます。

⑤ 自閉症特有の「こだわり」行動であって、周囲の状況を忘れてしまうほど興味のある事柄（この場合は映画）に夢中になっているので、授業や、他の児童の活動を妨害する意図のないものであることを理解する。
⑥ 教師自身がその映画を見て知っている場合には、映画の登場人物のせりふを利用して、話を止めさせる方法が有効なこともある。
⑦ ついつい夢中になってしまって、本人が自分でコントロールできないような場合には、周囲の状況に気づくような言葉をかけ、話を切り上げさせる指導が必要。
⑧ 子どもの「こだわり」に共感的に接することで、子どもがどんなことに興味を持っているかが分かり、会話が展開し、信頼関係が生まれることもある。（授業時間中ではなく、休み時間や放課後を利用すると良い。）
⑨ 「お話のルール」を学習する時間を個別に設け、どのような状況や場面では話を止めたら良いのか確認しておく。特に授業中のけじめをつけるように指導する。
⑩ 「ふざけている」とか「わざとやっている」といった誤解をされることも考えられるので、クラス全体に指導することも必要になる。

Q5 他の児童とは別メニューで学習した方がよいようですが…

自閉症児の中には、授業中みんなと同じ内容の学習を行うことが難しい子どもがいます。

自閉症の特性から考えてみましょう

- 学習内容が、知的レベルや言語の発達段階に合っていないことが考えられます。
- 教師が全体に出した指示は自分にも向けられているということ分からなかったり、指示の意味を理解できないために、集団での指導が難しい場合もあります。
- 人と意見交換することや話の文脈をつかむことに困難があるため、テーマについて話し合い、意見をやりとりして結論を導き出したり、教師の問題提起に児童が答えることで進行する授業の形態についていけない、または、そのような進行がわずらわしく感じてしまう子どももいます。図鑑や本から知識を得たり、ワークやドリルを使って学習する方が得意なことも、よくあります。

支援のヒント1●自閉症児への指導例

小学校4年生の知的障害を伴う自閉症の男児。一日の大半を電車の絵を描いて過ごしています。教科の学習では別メニューを準備しなければなりません。このような場合、支援の方法としては以下のようなことが考えられます。

① 全体学習の中で、部分的に参加が可能な箇所は一緒に学習する。教師が諦めてほうっておくことはしないよう心がける。
② 科目によっては、作業内容を発達段階に合わせた課題に置き換えることができる。例えば、お絵かきの時間には「ぬり絵」を、作文の代わりに文章の写し取りを指示するなど、作業として一人で行える学習課題を用意する。その際、保護者と相談してそのような対応をすることの了解をもらっておくことは必要。
③ 発達段階に応じた、自力でできるプリントを個別に作成する。学習に集中できる時間が短い子どもの場合は、終わったら好きな絵を描くことを認めるといった配慮をする。また、特殊学級の先生や通級指導教室の先生に相談し、利用できそうなプリントをもらうなど連携していくことは重要。
④ みんなと違う課題を行うことを、本人を含めたクラス全体が理解し納得する状況を作っていくことも必要。
⑤ 決められた学習内容や方法にこだわらず、好きな電車を利用した学習（例えば、漢字学習に駅名を使うなど）へと広げていく方法も考えられる。

支援のヒント2●高機能自閉症・アスペルガー症候群の児童への指導例

小学校6年生のアスペルガー症候群の男児。興味のあることなら、図鑑や本から沢山の知識を吸収することができます。しかし、教師の話を聞いて学習内容を理解したり、集団で行う学習では困難を生じる場合があります。このような場合、支援の方法として以下のようなことが考えられます。

⑥ 教師の方を向かない、指示に従わないといった授業態度をみせるときでも、聞いていないように見えて情報として取り込んでいる可能性がある。このような場合は、一般的な学習スタイルにあまりこだわらずに対応したほうがよい。
⑦ 教師の話を聞いたり授業に参加することはできなくても、図鑑や本を使って一人で学習することが得意な子どももいる。このような場合は、本人と話し合って、別課題を行うことを許すようにする。（資料調べ係にする、授業に関連する本の持ち込みを許可するといった方法が考えられる。「こだわり」が強く、授業内容と全く異なる課題をしたがる場合には、授業に関連する課題が終わった後に許可するようにする。このような対応を行うことを保護者と相談する。）
⑧ 教科間の偏りが大きく、ついていける授業とついていけない授業の差が激しい場合は、本人の努力可能な範囲で、計算や漢字などドリル的にこなせる課題を用意する。時間割も、「午前中、給食前までにやり終える」といった大枠を設定するケースも想定される。このような対応を行うことを保護者と相談する。
⑨ クラス全体が、別課題で学習を進めていることを認め、本人なりに努力していることが周囲にわかるような手だてを講じる。周囲に理解され、認められていると感じることで自信がつき、クラスの一員であるという安心感が持てるようになる。

Q6 学習の準備や片づけに時間がかかりますが…

自閉症児は、授業に必要のない物まで机の上に出してしまったり、必要な物を自分で探し出して授業の準備をすることができないことがあります。また、そのような準備に時間がかかることもあります。

自閉症の特性から考えてみましょう

- 授業に必要な道具などが取り決められている場合、一般には特に指示する必要がないと思われるような暗黙の了解事項であったり、周りを見れば分かると思われるようなものであっても、自閉症児には分からないことがあります。
- また、年度の最初の授業に口頭で指示しただけの場合は、その指示内容が伝わっていなかったり、毎時間指示があるものだと思っていることもあります。
- 次の時間の学習内容に合わせて準備せねばならない物が探せないために、大騒ぎすることがあります。（認知上の障害のために物の識別ができない、空間の把握ができない、決められた場所にないと混乱するなどの理由が考えられます。）
- 特定の物を全部そろえないと落ち着かず、ないと大騒ぎする場合は、自閉症特有のこだわりであることもあります。他の人には些細なことでも、本人にとっては非常に大切です。
- また自閉症の子どもの一部は、片づけが下手で、机やロッカー、道具箱の中がいつもごちゃごちゃしていることがあります。何度「片づけなさい」と指示しても、うまく片づけることができません。具体的に何をどのようにしまえばよいのか分からない、自分で計画を立てたり計画を逐次実行するのが苦手、その場で判断をしながらいくつかの作業を並行して行う力が弱い、といった理由が考えられます。
- 逆に、いつも同じ順序できっちり揃っていないと落ち着かず、始終持ち物を整理している子どももいます。また、特定の物だけはしっかり管理しているのに、他の物には目もくれないこともあります。

支援のヒント1●自閉症児への指導例

小学校3年生の知的障害のある自閉症の男児。時間ごとに学習の準備物が変わるため、とまどってしまいます。また、本人が好きな物を出さないと大騒ぎをします。このような場合、支援の方法としては以下のようなことが考えられます。

① 準備物を写真や絵、文字などを使って目に見える方法で指示する。黒板に準備する物を書くといった配慮をする。
② 「鉛筆1本、消しゴム1個」とリズミカルな掛け声にして復唱することで、準備ができるようになる場合もある。
③ 特定の物を出さないと気が済まない子どもの場合には、理解可能ならば、「この時間は、この箱の中に入れるよ」と言って、本人の見ている前でしまい、その時間が終わったら出して見せる。
④ こだわりを無理に直そうとするよりも、そのこだわりを上手に利用する方法を考える。また、こだわっている物の持ち込みは、授業や他児の邪魔にならない物に置き換えるか、徐々に妥当な範囲の物に変えていくように指導する。
⑤ 整理が苦手な場合は、本人の分かる方法で、何をどこへどのように置くか明確に取り決め、具体的に教える。1年生が使う道具箱のように、しまう物の形が書いてある箱を準備し、その形のところに物を合わせて収納する方法も有効。

支援のヒント2●高機能自閉症・アスペルガー症候群の児童への指導例

小学校1年生の高機能自閉症の男児。自分が忘れた物を、黙って隣の子の机から取って使ってしまいます。忘れ物に気づくと、どうしてよいか分からなくなって、かんしゃくを起こすこともあります。

⑥ 隣の子の持ち物は、「貸してください」と言って承諾を得てから使うことを、ソーシャルスキルとして教える。
⑦ 持ち物の管理ができない子どもの場合には、大人が立ち会って持ち物を確認する時間を設ける。（学校と家庭との両方で行うとよい。）
⑧ 特に忘れやすい物（特に、鉛筆・消しゴム・三角定規など）は、教室に予備を準備して貸し出すようにする。
⑨ 忘れ物をしないための方法と忘れ物をした場合の対応方法について、話し合っておく。場合によっては、保護者を交えた方がよい。
⑩ 忘れ物をしたことで不安になっている場合は、注意するよりはまず不安を取り除かせる。（第一に、落ち着かせる。次に、話を聞く。といった配慮が必要。）

Q7 よく、ボーッとしていたり、何もしないで立ちすくんでいることがあるのですが…

自閉症児は、何かを見つめてボーッとしていたり、何もしないでたちすくんでいることがあります。注意散漫に見えることもあります。

自閉症の特性から考えてみましょう

- 自閉症の子どもは、周囲の状況に関係なく漠然と宙を見つめてそのまま止まってしまったり、目を細めて何かを凝視して、自分の周りのことに全く注意が向かないことがあります。これは、自閉症児によくみられる行動です。（音も聞こえていない様子で、肩を叩かれるまで気づかないこともあります。）　このような行動が、診断のきっかけや決め手になることもあります。
- 上記の行動は、視覚的に好きなもの（きらきら光る物や、くるくる回る物のことが多い）が目に入ると見つめてしまうという自閉症児によくみられる行動の一つで、自分自身ではコントロールができないことが多いようです。しかし、その場で起きている苦手なことから逃避するために行っているような場合には、特別な配慮が必要なことがあります。
- 授業中、ボーッとしていて教師の話を聞いていないように見えるのに、廊下から聞こえてくるちょっとした物音に反応して廊下に走り出してしまうことがあるような場合は、授業中の先生の話よりも他から聞こえてくる物音に注意を奪われていると考えられます。自閉症児は、目的以外の種々雑多な刺激を取り込まないようにすることが難しいために、その場で注意を向けねばならないことに集中できない場合があります。
- また、教師の指示が具体的でなかったり、状況が異なったりすると、何をすればよいのか分からなくてその場で止まってしまう（これを、フリーズすると言います）ことがあります。

支援のヒント1●自閉症児への指導例

小学校3年生の知的障害を伴う自閉症の男児。学習中ボーッとしていたり、急に教室の外へ出て行こうとします。このような場合、支援の方法として以下のようなことが考えられます。

① ボーッとしている理由が、授業内容が合っていなかったり、何をしたらよいのか分からないことにあると考えられる場合は、（保護者と相談の上で）子どもの発達レベルに合った学習教材を別に準備してみる。

② ボーッとしている様子がみられたら、子どもの前面から、名前を呼ぶ、体に触れるなどして、子どもの注意を向けさせる。体に触れられることに抵抗がある子どもの場合は、注意を向けるためのサイン（例えば、机を軽く叩くなど）をあらかじめ決めておくといった配慮をする。

③ 急に外に出てしまうような時は、その時にどんな音がどこから聞こえていたかを記録に取ってみる。例えば、廊下を誰かが通った音がすると飛び出してしまう、といったことを記録することで教師が状況を理解することができる。つまり、そのような行動をする時には、必ずはっきりとした原因があるということを、まず理解することが大切。廊下を誰かが通った音に反応して飛び出す場合には、廊下を通った人や音の正体が分かると、すぐ教室に戻ることもある。

支援のヒント2●高機能自閉症・アスペルガー症候群の児童への指導例

小学校5年生の高機能自閉症の男児。教師がチェックを終えたノートを皆に配る仕事を頼まれたのですが、ノートの持ち主がいなかったため、どうすればよいか分からない様子で立ち止まったままでした。このような場合、支援の方法としては以下のようなことが考えられます。

④ 抽象的な表現が理解できなかったり、臨機応変な状況判断が苦手な場合が多いので、より具体的な指示を出す（例：「ノートを返して」ではなく、「ノートを机の上に置いて下さい」と言う）。

⑤ 混乱の原因にもなるので、一度にたくさんの指示を出さない。

⑥ さまざまな状況や場面に合わせて、指示内容や手順を具体的に分かりやすく書いて渡す。場合によっては、視覚的な手がかりになる目印を決めて、分かりやすくする工夫が必要なこともある。

⑦ 言葉で指示するだけでなく状況や理由を詳しく説明することで、仕事の内容が理解でき、実行しやすくなることがある。例えば、宿題のノートならば、「朝出したノートを、帰るまでに返せばいい」ことが分かれば、必ずしも「今」渡さなくても「後で」渡せばよいことが理解しやすくなるなど。

Q8 授業中の"問題と思われる行動"への対応は、どうすればよいのでしょうか？

自閉症児は、授業中に突然大きな声でコマーシャルの真似をしたり、状況に関係のないことを言い出すことがあります。また教室内につばを吐いたり、かんしゃく（パニック）を起こすといった"問題と思われる行動"に対応しなければならないこともあります。

自閉症の特性から考えてみましょう

- 問題と思われる行動を起こす時には、必ず何らかの理由があります。授業の内容が分からないことや、教室が暑い、音がうるさいといった身体的・感覚的な不快感があることなどが考えられます。
- 授業内容が分からないことに対して何となくイライラしたり、人が不快になるような言葉をわざと言うことがあります。周囲の児童が反応したり大人が怒ったりすることが目的で行っている行動なので、その言葉の直接的な意味にとらわれないようにします。
- 身体的・感覚的な過敏性は生理的なものなので、本人自身には原因がまったく分からず、漠然とした不快感を抱いていることが多いものです。他に訴える手段がないために、問題と思われるような行動を起こしてしまうと考えられます。
- また、周囲の音を遮断して自分の気持ちを落ち着けるために、声を出すこともあります。
- 「何でも一番になりたい」、「間違ったり×をつけられることを嫌がる」といった、こだわりがある場合もあります。

支援のヒント1 ● 自閉症児への指導例

小学校4年生の知的障害を伴う自閉症の女児。自分の得意な教科は学習できるが、分からない学習のときは、教師に向かって「ゴキブリ」などと言います。周囲の子どもが笑うと、喜んだりしています。このような場合、支援の方法としては以下のようなことが考えられます。

① 授業内容が分からないことを本人なりに訴えていると肯定的に解釈し、みんなと同じことをするように要求せずに、子どもがうまく授業に参加できるような配慮をする。また、分からないことを訴えるためのサインを本人と取り決めたり、可能ならば、特殊学級の先生や通級指導教室の先生と連携して、適切なコミュニケーション手段を身につけられるように指導する。
② 授業に関係のない独り言を言い始めた時は、直接相手にしない。大事な話をする時や要所要所では、一時的にでも制止できることを目標に指導する。独り言がどのような場面で多いのか、記録をとってみることも重要。
③ 言葉の理解に困難のある場合には、視覚的に分かりやすい教材や絵カードなどを使用し、学習に参加しやすくなるように工夫する。
④ 保護者と相談して、一人で学習可能な別のプリントや、作業的な課題を用意する。

支援のヒント2 ● 高機能自閉症・アスペルガー症候群の児童への指導例

小学校3年生のアスペルガー症候群の男児。いろいろなことにこだわりがあり、一番にならないと気がすまず、指名されないと怒ります。また、女の子が誉められると怒るといった特異なこだわりもあります。このような場合、支援の方法として以下のようなことが考えられます。

⑤ 予測できるこだわりについては授業に入る前に話し合い、その日の目標を取り決めておく。初めのうちは特に、必ず達成できる目標を設定する。（教師が個別に日記指導などを行っているような場合は、取り決めた目標を書くようにしてもよい。教師が評価を書き込む際には、できるだけ肯定的な書き方をするといった配慮が必要。）
⑥ 怒ることが分かっている場面を回避するように心がける、我慢ができたら誉めるといった、こまめな配慮も必要。座席を教師の近くにして、個別に声をかけたり、頭や背中に手を置くなどの合図をすると我慢できることもある。
⑦ 一見わがままと見える行動だが、自閉症特有のこだわり行動であることを認め、本人が満足でき学級運営上も差し障りのない範囲で許容しながら、特殊学級担任と連携をとり、可能ならソーシャルスキルトレーニングなどの学習を進める。
⑧ パニックを起こした時は、パニックが収まって落ち着いてから話しかけるようにする。（避難場所の設置が必要なこともある。）
⑨ 他の教職員や保護者とも連携し、周囲の対応の仕方を一定にする。

Q9 体育の授業でよく起きることですが…

自閉症の子どもは、集団で行動することに困難があったり、身体的な障害はないのに運動ができなかったり、不器用だったりします。

自閉症の特性から考えてみましょう

- 自閉症の子どもは、こだわりが強いため、体育の授業中にトラブルを起こすことがあります。例えば、勝敗に強いこだわりのある子どもが、ドッチボールなどの集団競技で負けるとパニックになったり、相手チームの子をたたくといった行動をしてしまうことがあります。
- ゲームのルールがなかなか理解できないため、集団競技がうまくできないことがあります。例えば、サッカーでは自分のチームにシュートしてオウンゴールにしてしまう、野球ではヒットを打っても三塁側に走ってしまうといったことがあるかもしれません。
- 触覚へのこだわりがあり、着替えができなかったりするために、「運動着の下にはシャツを着ない」などの健康・衛生上の理由から取り決められるルールに従えないことがあります。
- また、自閉症の子どもの一部には、極端に不器用、動作模倣ができない（教師と向かい合って体操をすると左右が逆になってしまう、人の動作を大雑把にしか真似できない、など）、並ぶ位置や方向が分からないといった問題を持っていることがあります。これらは、空間の認知力や運動機能に困難があるために生ずるものです。

支援のヒント1●自閉症児への指導例

小学校4年生の知的障害を伴う自閉症の女児。体育の授業では、跳び箱やマット運動など個人の技能的なものはうまくいくのですが、ボールゲーム、鬼ごっこのようなルールのある運動は理解しにくいため、集団から外れてしまうことがあります。このような場合、支援の方法としては以下のようなことが考えられます。

① 集団活動で並ぶ場所に目印を置いたり、いつも同じ子どもの後ろに並ばせるなど、自分の位置が分かるような手立てを考える。

② ゲームのルールを覚えさせるには、本人の発達段階に応じ、本人が分かっているものを利用する。例えば、しっぽとりゲームで、取られたらいやだと思うものをしっぽに結びつけてみるなど。

③ 教師や（介助役の）友だちが必ずついてルールを教える、ポートボールなどの球技ではコートチェンジを行わない、体操のモデルは教師が本人と同じ向きでやる、といった配慮をする。

支援のヒント2●高機能自閉症・アスペルガー症候群の児童への指導例

小学校3年生のアスペルガー症候群の男児。勝敗への極端なこだわりがあり、短距離走で自分が一番になれないとわかると途中から走るのをやめてしまったり、自分のチームが負けると癇癪を起こし、床を蹴ったりすることがあります。このような場合、支援の方法としては以下のことが考えられます。

④ ゲームを始める前に、「ゲームでは負けることもある」ことを話し、負けた時にはどのような行動をすれば良いか教えておく。「失敗は成功の元」などの決まり文句を有効に活用すると、納得できることもある。

⑤ 一番になれなかった・勝てなかったことに強い抵抗を示す場合は、少しでも達成感・肯定感が感じられるようなゲームを設定することも配慮として考えておく。例えば、本人が鉄棒を得意としている場合は、1時間の体育の授業構成に鉄棒をする時間を設けるなどの配慮である。

⑥ パニックを起こしたときは、パニックが収まり、本人が落ち着いてから話しかけるようにする。状況を説明し、どうしたらよかったのかを振り返り、次に同じ状況になった時にどうすればいいか（選択肢を与えながら）考えることも必要。

Q10 音楽の授業でよく起きることですが…

自閉症の子どもは、音に対する過敏やこだわりを持っていることがあります。また、一部の子どもはリコーダーの穴を上手にふさげないなど、不器用な面があります。

自閉症の特性から考えてみましょう

- 特定の音に過敏だったり、大きな音が苦手なことがよくあります。例えば、大太鼓やシンバルなどの特定の楽器の音、リコーダーのキーンとした音などです。また、全員での合唱の時に、耳をふさいだり教室の隅にうずくまるといった様子を見せることがあります。（大きくて怒鳴るような声が不快なことが多いようです。）
- 特定の嫌いな音や、大きな音がすると耳をふさいだりすることのある子どもでも、お気に入りの曲をかけると口ずさんだり、楽しそうにリズムをとったりすることがあります。教科で行うリズム学習は苦手でも、好きな曲のリズムには乗って楽しそうに体を動かす（興奮気味になることもある）子どももいます。
- 自分の大好きな歌（アニメのテーマソングや特定の歌手の歌）をよく覚えていて、教科で学習する課題曲や学級活動で決まった曲を歌わずに、好きな歌を歌おうとすることもあります。
- 上記のような行動をとるからといって、決して音楽が嫌いだと解釈しないようにしましょう。
- 一部の子どもには、リコーダーの穴を上手にふさいで吹く、ピアニカを持って鍵盤を弾くというような、同時に複数の動作をこなすことに困難がある場合もあります。

支援のヒント1●自閉症児への指導例

小学校5年生の知的障害を伴う自閉症の男児。歌うことは大好きですが、リコーダーもピアニカも吹けません。自分の思った通りに授業が進まなかったり、新しい曲の学習を始めようとすると、パニックを起こして奇声を発したり、座り込んで動かなくなったりします。このような場合、支援の方法としては以下のようなことが考えられます。

① 楽器の演奏ができないのは、運動機能の困難（簡単にいうと不器用）があると考えられる。できないことを無理強いせずに、いつも大きな声で元気よく歌っていることをほめる。
② 新しい課題を始めることに抵抗があるためと考えられる場合は、次の音楽の時間の学習内容を事前に伝えたり、放課後や帰りの会などに新しい曲を適度な音量で聞く機会を設けるようにしてみる。ふだん新しい課題を行うことに特に抵抗がないのに新しい曲の学習を嫌がるような場合は、その曲に、本人にとって不快な要因があると解釈した方がよい。
③ 本人が「音楽の時間」の学習パターンを覚えてしまい、そのパターンでないとやらないといったこだわりを防ぐために、学習内容ごとにブロック分けし、組み合わせを変えるように工夫する。例えば、リコーダーと歌という組み合わせもあれば、歌とリズム遊びという組み合わせもあるといった構成を考える。その中で、本人が楽しく参加できる内容を盛り込んだり、小黒板にブロックの内容を書いておき、今行っている活動や次の活動が何かを明確に示すといった配慮をする。
④ 合唱や特定の音などに強い抵抗を示したり耳ふさぎをするような場合は、参加することを強要しない。学年での合奏練習といった場合、状況によっては、一時的に待機する避難所のようなものを取り決めておく。
⑤ 音楽の授業内容のうちで、参加できる部分を本人に確かめたり、不快なことは無理に我慢しなくて良いと約束して安心させることも必要。

支援のヒント2●高機能自閉症・アスペルガー症候群の児童への指導例

小学校4年生の高機能自閉症の男児。リコーダーの練習の時に、友だちから「音が変だ」と言われてけんかになってしまいました。本人は楽譜を覚えることが得意で、リコーダーを完璧に演奏することに強く執着しています。それを注意されたと勘違いしてカッとしたようです。このような場合、支援の方法としては以下のようなことが考えられます。

⑥ 友達が指摘した事柄と本人の解釈にズレがありケンカになっている場合は、教師が仲介に入ってお互いのやりとりを再確認し、友だちが何を言おうとしたのかを明確にして、誤解を解くようにする。
⑦ 「友達と強い口調で話さない」といった会話のスキルを、別の時間に具体的に教える。
⑧ リコーダーの練習に一生懸命に取り組んでいることを認めながらも、いつもいつも完璧に演奏できるとは限らないと教えていく。
⑨ トラブルになりやすい特定の子どもがいる場合には、合唱や合奏を行う時のグループ編成や席の配置などを考慮する。

Q11 図工の授業でよく起きることですが…

自閉症の子どもは、自由に、あるいは決められた形を作る工作活動や、課題に応じた絵を描く活動が苦手なことがあります。

自閉症の特性から考えてみましょう
- 特定の色へのこだわりがあったり、特定の素材の触感が苦手だったりするために、指示された課題ができないことがあります。
- 状況に関係なく自分の興味に没頭する傾向が見られ、特定の材料を使って同じ物を作ることに固執したり、同じ絵を繰り返し描く子どももいます。（一般的にはあまり意味がないと思えるものや、未完成に見えるようなものを描き続けることもあります。）
- 職員室に置いてあるプリントや他の児童の持ち物で、自分の好きなものを作ってしまうことがあるかもしれません。
- 認知面での発達の遅れがあって、形の把握や空間配置ができないために、絵が描けなかったり、描けたとしても年齢不相応だったりすることもあります。
- 極端な不器用のために、図工で必要とされる技能や道具の操作が苦手なこともあります。

支援のヒント1●自閉症児への指導例

小学校2年生の知的障害を伴う自閉症の男児。工作の時間、はさみが使えず、のり付けもうまくできません。このような場合、支援の方法としては以下のようなことが考えられます。

① 運動機能や身体感覚の遅れがあって、まだはさみやのりを使える発達段階にないために、学年相応の課題をこなせないことがある。できない作業は、教師や介助者が行うようにする。
② 課題のレベルを下げる。または、本人に可能な範囲の簡単な作業を行うようにする。机間支援をしながら、少しでも進歩や頑張っている様子がみられたらほめるように心がける。
③ 教師や介助者の代わりに、近くの子どもに作業を補助するように依頼する。
④ 一人で作業ができない時、困った時に手助けを求める方法を前もって取り決めておく。
⑤ 作業そのものができないわけではないが、手順が分からなかったり、指示に従わず、目についたところ・やりたいところから始めてしまって作品を完成させることができない子どもの場合は、仕上げるまでの順番を紙に書いたり、工程を分けて一つずつ進めるといった配慮をする。

支援のヒント2●高機能自閉症・アスペルガー症候群の児童への指導例

小学校6年生の高機能自閉症の男児。特定のマークに興味をもっていて、図工の時間にはそればかり描いています。そのような時に、授業の内容に関係するものを描くよう何度も指示すると、癇癪を起こしたり離席してしまいます。興味のある課題ならば、参加します。また、下絵は上手に描けても、彩色の際に絵の具が乾かないうちに次の色を塗ってしまうため、色が混ざり合ってせっかくの下絵が台無しになってしまい、本人もとても悔しがります。このような場合、支援の方法として以下のようなことが考えられます。

⑥ 1枚描いたら課題を行うなどの約束をする。もしくは、特にこだわりのあるマークを、「デザイン」の一部として描くことを認める。
⑦ 「待つ」ことができない場合は、乾かす必要のない画材（クレヨン・パスティック・色鉛筆など）を使って彩色するように、作業課題を変える（自由選択も可）。
⑧ ひとつの色を塗り終わったら、乾くまで他の課題を命じたり休憩をはさむといった配慮をする。
⑨ 効率的な色塗りの順序や、色が混ざりにくくする塗り方（例えば、離れた箇所を塗るといったことなど）が分からないような場合には、教師が色塗りの順番を指示する。
⑩ 下書きの線をはみ出して上手に完成させることができない場合には、下に描いた線をはみ出さずに色を塗る練習を、あらかじめ行う。

Q12 家庭科の授業では、どのような配慮が必要ですか？

自閉症の子どもは、家庭科での実習に困難があることがあります。

自閉症の特性から考えてみましょう

- 教師の指示を聞かず、自己流に活動を始めてしまうことがあります。
- 役割を理解することが難しいために、グループ内で作業を分担できないこともあります。
- 教師の指示や役割分担に従わないことを注意すると、大声を出したりパニックを起こすことがあります。
- 調理や製作が大好きなため、また、こだわりがあるために、特定の作業に固執し夢中になり過ぎてしまうことがあります。
- 指示内容や作業の仕方が分からないために参加できなかったり、ボーッとしていることがあります。（口頭での指示が理解できない、文章を読んで具体的な作業内容がイメージできないといったことが考えられます。）
- 運動機能の困難や力の加減ができないといった問題があるために、調理や製作のための動作そのものができないことがあります。

支援のヒント1●自閉症児への指導例

小学校6年生の知的障害を伴う自閉症の女児。料理が大好きで、グループで調理をする時は、指示を聞かずに作り始めてしまいます。このような場合、支援の方法としては以下のようなことが考えられます。

① これから行う課題に見通しを持てるように、作業の手順を絵や図、写真（デジカメ利用）にして示し、掲示しておく。
② 作業手順を具体的に指示する（「野菜を切る」ではなく「にんじんを切る」「タマネギを切る」など）、作業をより細かく区切って子どもが実行できるようにする、教師や介助者が同じ向きで実演して見せる、手を添えて一緒に行うといった配慮をする。
③ 役割分担がわからない場合には、作業課程を指示するプリントや器具に本人の写真や名前カードを貼るといった工夫をする。必要ならば、「役割分担」の理解を進めるための指導を、別時間、または折に触れて行う。
④ グループ編成の時に、トラブルを起こしやすい児童と一緒にしないようにする。優しく声かけをしたり、できるところを見守ってくれる子どもや、作業を補助してくれる子どもたちと一緒にする。

支援のヒント2●高機能自閉症・アスペルガー症候群の児童への指導例

小学校5年生のアスペルガー症候群の男児。極端に不器用で裁縫の学習等がうまくできず、また、少しでも失敗すると癇癪を起こしたり、時間がかかる作業はいらいらして放棄してしまいます。このような場合、支援の方法としては以下のようなことが考えられます。

⑤ 微細運動機能の困難がある（簡単に言うと、手先が極端に不器用な）子どもには、大きめで使いやすい道具や教材を選ぶ、本人にできる範囲の課題を用意する、といった配慮をする。
⑥ 作業工程を細分化し、一つの工程にかかる時間を本人の集中力に合わせる、工程を簡素化して全体的に短時間で終わるようにする、といった配慮をする。
⑦ 道具の使い方や持ち方を指導する際には、子どもと同じ向きでする。決められた使い方や持ち方を教えることにこだわらず、本人が動作しやすいやり方を許容することも時には必要。
⑧ 作業工程を細かく書いた表（絵入りだとなおよい）を作り、できたら順次チェックを入れたりシールを貼るようにするなどして、見通しが持ちやすくなるように工夫する。
⑨ パニックを起こした時は、ひとまずその場から離す。可能ならば、落ち着いた後に本人に事情を聞く、どのようにすれば課題ができるか選択肢を示しながら考えさせる、課題の難易度を下げるなどの指導をする。再度学習に取り組ませる場合には、本人が達成感を感じられるような課題を指示する。

Q13 学習発表会や行事での劇活動でよく起きることですが…

自閉症の子どもが劇活動などを行うにあたっては、気をつけなければいけないことがあります。

自閉症の特性から考えてみましょう

- 自閉症の子どもは、積み木を電車に見立てるなど、その物でない物に見立てることができず、ごっこ遊びができなかったり、ごっこ遊びを始める時期が遅れることが多いものです。そのために、役割分担が理解できず、役割遊び（ロールプレイ）が苦手なことがよくあります。
- 人と一緒に一つのことをやり遂げようという意識が低い、劇を成功させることの意義が分からない、劇を披露する状況や上演の目的が理解できない、といった困難があることもあります。
- また、練習を積み重ねた後で本番があることが理解できなかったり、同じシーン（特に、既に間違いなくできるようになっているシーン）を何度も繰り返して練習することに我慢ができない子どももいます。逆に、いつも同じ調子・同じタイミングでせりふのやりとりが進まないと怒る子どももいます。
- また、劇中のせりふを真に受けてしまうことがあります。言葉の意味をその場の流れの中で受け取ることができず、「これは劇のせりふとして言っている」ということが分からなかったり、頭では分かっていても、その場では言葉の直接的な意味をストレートに受け取ってしまう傾向があるためです。（人に対する否定的なせりふを聞いて、「自分が非難されたんだ」と受け取り、本気になって怒り出したり、泣いたりすることも想定されます。）
- 日常の学級活動などを劇化したような作品を選んだ場合、自分が過去に経験したことが再現されたかのように思ってしまうフラッシュバックという現象が起き、突然、まったく関係のないことを言い始めたり、パニックになったりすることがあります。特に、道徳の授業でいじめをテーマにした寸劇をするような場合には、慎重な配慮が必要です。

支援のヒント1●自閉症児への指導例

小学校5年生の知的障害を伴う自閉症の男児。学習発表会の劇の練習をしているのですが、出る場面やタイミングを間違えたり、相手のせりふの途中で自分のせりふを言い出したりしてしまうために、他の児童に手を引っぱられたり、きつく批難されることが多く、よく泣き出してしまいます。このような場合、支援の方法としては以下のようなことが考えられます。

① 視覚的サインを取り入れる。特定の色や人などでサインを決めておき、登場する場面やタイミングを教える合図にする。
② 出番の順番表に登場する順番を書き、それを見ながら動くようにする。
③ せりふのやりとりやタイミングをつかむことが難しい子どもの場合は、小道具などの受け渡しをして、それをきっかけとしてせりふを言うようにする。
④ 可能なら、せりふのない配役や、混乱が起きないようなポジションで劇に参加できるような構成を考える。
⑤ 体にふれられることに対して過敏な子どもの場合、体に触れられたことをきっかけとしてパニックを起こすことがあるので、身体の接触はできるだけ避けるようにする。

支援のヒント2●高機能自閉症・アスペルガー症候群の児童への指導例

小学校4年生のアスペルガー症候群の男児。道徳の劇活動の発表の際に、せりふを言っている子に自分が非難されたと勘違いし、激しい口調で言い返し、泣きながら教室の外に出て行ってしまいました。このような場合、支援の方法としては以下のようなことが考えられます。

⑥ 子どもが落ち着いてから、なぜ出て行ってしまったのかを聞く（当人の気持ちを受け止める態度で聴くようにする）。
⑦ 劇を演じていて、せりふとして言っていることを思い出させる（当人が思い当たるように話しかける）。
⑧ やりとりの少ない役を割り当てる。また、強い口調や大きな声で話しかけられると怒られていると思ってしまう子どもの場合は、せりふの状況や配役を検討する。
⑨ 劇活動を行う際には、絵の吹き出しを利用した台本を作り、場面や会話の状況を事前に理解させておく。
⑩ 自閉症児は知的レベルが高くても、場面の状況や人の感情を読み取ることが難しいといった特徴があるので、道徳の時間に学習のめあてにしていることを具体的に教えた方がよいことがある。

生活面での支援

Q14	登下校時のトラブルへの対応は、どうすればよいのでしょうか？	32
Q15	授業時間のけじめがついていないのですが…	33
Q16	授業時間に教室から出てしまいます。どうすればよいのでしょうか？	34
Q17	クラスメイトとのトラブルへの対応は、どうすればよいのでしょうか？	35
Q18	集団での遊びに、なかなか参加できないようですが…	36
Q19	休み時間に、みんなと一緒に遊べないようですが…	37
Q20	みんなで使うものを独占してしまうので、困っているのですが…	38
Q21	係活動の指導では、どのような配慮が必要ですか？	39
Q22	給食時間の指導では、どのような配慮が必要ですか？	40
Q23	清掃時間の指導では、どのような配慮が必要ですか？	41
Q24	行事への参加がむずかしい児童には、どのような配慮が必要ですか？	42
Q25	遠足や社会見学では、どのような配慮が必要ですか？	43
Q26	運動会では、どのような配慮が必要ですか？	44
Q27	参観日や入学式・卒業式などの行事では、どのような配慮が必要ですか？	45
Q28	避難訓練では、どのような配慮が必要ですか？	46
Q29	被服指導が難しい児童への対応は、どうすればよいのでしょうか？	47
Q30	トイレ指導が必要な児童への対応は、どうすればよいのでしょうか？	48

Q14 登下校時のトラブルへの対応は、どうすればよいのでしょうか？

自閉症の子どもは、対人関係を作ることや集団で行動することが非常に苦手です。そのため、集団での登下校の際に、トラブルになることがあります。

自閉症の特性から考えてみましょう

- 自分のペースをかたくなに守る、進路や道順に強いこだわりがあるといった理由のために、集団での登下校が難しいことがあります。
- 注意がそれやすかったり、興味のあることを夢中になって追ってしまうために、決められた通学路から逸れてしまうことがあるかもしれません。特に、場所の識別が難しく道に迷ってしまう可能性のある子どもでは、保護者と連絡をとり、送り迎えに来てもらう、徐々に一人で歩く距離を伸ばしていくなどの配慮が必要なことも想定されます。
- 集合場所に集まらず一人で行こうとしたり、全員が揃ってから出発することが分からず、時間が来ると一人で歩き始めてしまう子どももいます。
- 上記のことが原因で他の子どもに注意された時、また、無理やり手を引っ張られたり他児と接触した時などに、トラブルが起きてしまうことがあります。（グループ内には、自閉症児の日常の様子を知らない他の学年の児童や、低学年の児童が含まれているため、パニックや癲癇を起こした際の処置がとれなかったり、父兄を巻き込んだトラブルに発展することが懸念されます。）

支援のヒント1●自閉症児への指導例

小学校2年生の知的障害を伴う自閉症の男児。道路の決まった片方の側しか歩きません。登校時はちょうど右側なのでよいのですが、下校時には道路の左側を歩くことになってしまい、危険なので右側を歩かせようとすると泣いて左側を歩こうとします。このような場合、支援の方法としては以下のようなことが考えられます。

① 保護者やきょうだいの協力を得て、なぜ片方の側に固執するのか検討してみる。こだわっている側に大好きな物がある、歩こうとしない側に苦手な物があることが考えられる。可能なら、特殊学級の先生や通級指導教室の先生に相談したり応援を求めるのも重要。
② 左右の理解ができていない場合は、写真を撮って示す、目印となる建物などを教える、「みんなが歩いている側を歩く」というように具体的な指示をするなどして、本人に理解可能な方法で通る側を明確にする。
③ 右側を、「帰り道の順路」として指定する。下校時に、教師や保護者が同伴して指導を行う機会などを利用して、徹底させる。
④ 「右側を少しでも歩ければ、ご褒美シールを貼る。」といった、行動の評価を視覚的に分かりやすくして、正しい行動、適切な行動の定着を図る手法を用いる。（保護者とも協力して、ご褒美シールが一定量たまった時は、帰宅後に本人の好きなことができるといった取り決めをすると、より効果的になる。）

支援のヒント2●高機能自閉症・アスペルガー症候群の児童への指導例

小学校5年生のアスペルガー症候群の女児。登校時に、自分の興味のある話題をずっと話しています。他の児童に相手にされなかったり、登校を急ぐために話を中断されたりすると、「いじめだ」と言って大騒ぎをします。このような場合、支援の方法としては以下のようなことが考えられます。

⑤ 登校班で登校する時のきまり（時間までに学校に着くことが最優先・話に夢中にならないなど）を再確認する。
⑥ 通学路の途中にある、時間や距離の目安となる目印を教えて、登校時刻に遅れずに登校するためのモデルを示す。どの地点でどのような行動をとればよいか、具体的に指示する。
⑦ 学校に到着した時刻や、登校中話に夢中にならなかったかどうかなどを表に記録させ、ルールを徹底させる。
⑧ 登校班の他の児童には、一方的に話しかけられたら「話は学校に着いてから」と言うように指導する。
⑨ 個別に、「いじめ」について話し合う機会を設ける。どんな時に「いじめられた」と思うか確認する一方で、状況によっては、話を聞かないのはいじめではないことを理解させる。

Q15 授業時間のけじめがついていないのですが…

自閉症の子どもは、学校生活に必要なさまざまなルールを理解して、集団活動を行うことに困難があることが多いものです。

自閉症の特性から考えてみましょう

- 学校生活は時間割に基づいて運営されていますが、自閉症の子どもは、こだわりが強かったり教科間の到達度に偏りが大きいために、自分が興味を持っている教科・得意な教科以外の教科学習に抵抗したり、各時間ごとに異なる教科を学習することを受け入れられないことがあります。
- チャイムが活動の始めと終わりの合図であることや、時間の区切りが分からないために、今が何の時間なのかが分からないといった困難があることがあります。
- 準備・片づけの意味が分かっていない、頭ではわかっていても実行できないという理由から、時間割に合わせた学習用具の準備や片付けができないことがあります。
- 周囲の状況に関心が薄く、他児の動きを見ていない、見ても何をしているのか分からない子どももいます。また、他児の行動を真似して動いているために、周りに模範となる児童がいない場合にはどうすればよいのか分からなくなってしまう子どももいます。
- 言葉の理解や話し言葉が十分でない場合、他の児童や教師が言葉で説明してもなかなか理解できず、本人は単に「叱られた」と思ってしまったり、トラブルになってしまうことも想定されます。

支援のヒント1●自閉症児への指導例

小学校1年生の知的障害を伴う自閉症の男児。休み時間の終わりのチャイムが鳴っても、遊びに夢中で教室に戻ってきません。チャイムが次の活動の合図ということが理解できていないようです。このような場合、支援の方法としては以下のようなことが考えられます。

① 休み時間が始まる前に、チャイムが鳴ったら教室に戻ることを個別に繰り返し確認する。
② チャイムが鳴ったらすぐに教師が子どものところに行って、教室に入るよう直接指導する。その際、チャイムの音で「終わり」を意識させる。
③ 次の段階では、教師が、子どもの姿の見える離れた場所から教室に戻るように声かけをする。
④ 周囲の児童に授業が始まることを声掛けしてもらう。
⑤ チャイムが鳴って自主的に教室に戻ることができたら、シールを貼るなどして、目に見えて分かる形で行動の評価をする。

支援のヒント2●高機能自閉症・アスペルガー症候群の児童への指導例

小学校3年生の高機能自閉症の女児。チャイムの合図で活動を切り替えることができないために、授業の始まりのチャイムが鳴っても、気に入ったキャラクターの絵を描くのに夢中です。逆に、チャイムが鳴った後も数分授業が延びることを許容できず、終了のチャイムを過ぎても学習が終わらないと大騒ぎをすることがあります。このような場合、支援の方法としては以下のようなことが考えられます。

⑥ 子どもと話し合って、「チャイムが鳴ったときどう行動すべきか、どんな準備をすべきか」が分かっているかどうか確認してみる。その結果、分かっていても実行ができない、注意の切り替えができないと考えられる場合は、子どものそばに行って、「今は何の時間なのか、何をすべきか」を個別に声掛けするようにする。(近くの席の児童に頼んでもよい。)
⑦ 今日の日程（時間割や学習内容）などは、時間割表に書くだけでなく、今は何の時間かが明確になるような合図や目印を用意する。教科名を大きく書いた看板のようなものや、教科名と支度する物を書いたカードを掲示するといった配慮をする。
⑧ チャイムが鳴っても、話の途中だったり、学習の区切りや片づけが終わっていない時には、急に終えることができないことを子どもに説明する。
⑨ 時間へのこだわりがある場合には、「チャイムは終わりの時間を告げるだけで、授業時間が多少延びることがある」と予告しておく。
⑩ 子どもが参加しにくい教科の前後にお絵描きなどが顕著になる場合には、子どもが参加しやすくなる方法を検討することも必要。

Q16 授業時間に教室から出てしまいます。どうすればよいのでしょうか？

自閉症児は、授業時間中、自分の教室にいないで学校中を動き回ってしまうことがあります。同じような行動でも、子どもによって背景となる原因がそれぞれ違っているのも自閉症児の特徴といえます。

自閉症の特性から考えてみましょう

- 自閉症の子どもの一部には、校舎内のいろいろな所を探索するように歩き回る行動がみられることがあります。気がついた教師が教室に連れ戻しても、また教室を出てしまいます。学校というものの性質や、教室にいなければならないことの意味が分かっていないための行動と考えられます。
- 学校がどんな所か自分なりに確認できるまでは、落ち着かない自閉症児もいます。そのため、学校内を一通り探索して歩く時期が必要なことがあります。
- 特定の物や場所へのこだわりがある場合には、ついついそこに行ってしまい、時間を忘れて没頭してしまうことがあります。
- また、教室にいなければならないことは分かっていても、外からの刺激につられて立ち歩いてしまう子どももいます。教師の声と外の物音が同じレベルで耳に入っていたり、興味を引く音が聞こえた途端に行動に移してしまう傾向を持っていたりすることもあります。
- さらに、自閉症児には感覚の過敏や異常がある場合が多く、子ども集団の喧噪（けんそう）に耐えきれなかったり、他児からの働きかけを苦痛に感じたりして、その場から逃れ、静かな落ち着ける場所を求めて校内を歩き回る場合もあります。
- 興味が薄かったり理解できないために参加できない授業から、逃避するように教室を出てしまうこともあります。また、教室を出ないまでも、離席して室内をウロウロ歩き回ることもあります。

支援のヒント1●自閉症児への指導例

小学校1年生の知的障害を伴う自閉症の男児。聴覚的に過敏なところがあり、ときどき、耳ふさぎをしたり泣いたりします。多動でじっとしていることが難しく、目を離すと教室を出て校内を動き回ってしまいます。このような場合、支援の方法として以下のようなことが考えられます。

① 分かりやすく興味を引く授業作りを心がけ、注意が逸れたり動き出したりしてしまうことを防ぐために、まめに声をかける。場合によっては、達成可能な別課題を与える。
② 子どもの座席の周囲は、親切だが口うるさくない子で固める（しかしいつも同じ子どもばかりでは、その子に負担感が生じかねないことにも配慮する）。
③ 他児の歓声などに過敏になっている時、神経的な疲れが目につく時は、静かな環境で少し休ませる。その際、手のあいている教師や養護教諭に様子を見てもらう（校内委員会等で事前に相談しておくと良い）。
④ 神経過敏や多動が著しい場合は、医療機関への相談を考える。
⑤ 能力的な困難のために、授業に関心が薄く参加しにくい場合は、個別の補助者をつけたり、TT指導や通級指導を取り入れるなど、教育措置の変更をも視野に入れて対応する。

支援のヒント2●高機能自閉症・アスペルガー症候群の児童への指導例

小学校2年生の高機能自閉症の男児。数字に関心が強く算数のテストは好成績ですが、他の教科では、いつの間にかふらっと教室を出て他の教室をのぞいたり、保健室や図書室に入り込んだりしています。このような場合、支援の方法としては、以下のようなことが考えられます。

⑥ 分かりやすく興味を引く授業作りを心がけ、子どもが退屈している素振りが見られたら、まめに声をかける。このケースでは、能力的なアンバランス（特に国語力の遅れ）があって、算数以外の教科についていけないことも考えられるので、可能ならば、TTの導入を検討する。特殊学級の先生や通級指導教室の先生に相談したり応援を求めることも重要。
⑦ 校内の全職員に協力してもらい、授業中教室以外の所にいるのを見つけたら、「○年○組にもどりなさい。」と声をかけてもらう。決して怒鳴ったり甲高い声で叱責してはいけないが、ルール違反を許さないという毅然とした態度で、きっぱりと注意してもらうようにする（校内委員会等で事前に相談しておくとよい）。
⑧ 教室にいられたらシールを貼るなど、行動の評価を視覚的に分かりやすく示すようにする。点数化してご褒美なども用意し、励みをもたせるのも効果的（家庭と協力して行うとよい）。

Q17 クラスメイトとのトラブルへの対応は、どうすればよいのでしょうか？

自閉症の子どもは、人と人との関わり方やコミュニケーションに困難があるために、クラスメイトとの間でトラブルを起こしてしまうことがよくあります。

自閉症の特性から考えてみましょう

- 人に対する反応が独特なことは、自閉症の大きな特徴（解説9, 13頁参照）の一つです。他の児童が何もしていないのに「〇〇君が僕をたたいた」と大騒ぎしたり、他の児童を叩いてしまったりすることがあり、それが原因でけんかに発展することもあります。しかし、そのような場合にも、必ず理由があります。例えば、「触覚が過敏で、他の児童がたまたまちょっと触れただけなのに叩かれたように感じてしまった」「人の動作の意味が文脈から読めないために、叩こうとしていたと勘違いした」「不快に感じる場所（背後から接近されることに不快感を感じることが多い）に他の児童が立っていたために、反射的に叩いてしまった」といったことが考えられます。
- コミュニケーションの手段としての言葉の使用が困難なために、場や状況に応じた会話をすることが苦手なことも、自閉症の大きな特徴（解説10, 13頁参照）の一つです。やはり、けんかの原因になってしまいます。
- 状況に関係なく友だちに同じ質問を繰り返して、トラブルになることがあります。
- 相性の悪い特定の児童との間では、ささいなことがけんかやトラブルの引き金になることがあります。
- また、フラッシュバックと言って、過去に起きた友だちとのトラブルやケンカを突然思い出し、それがあたかも今起きたかのように感じてしまう現象が起きると、再度トラブルの原因になることがあります。

支援のヒント1●自閉症児への指導例

小学校6年生の知的障害を伴う自閉症の男児。毎回同じことをしつこく友だちに聞き、自分が思ったような反応が返ってこないと、さらにエスカレートして友だちにつきまとうことがあります。このような場合、支援の方法としては以下のようなことが考えられます。

① ちょっとした行き違いがトラブルに発展することを防ぐために、クラスの子どもには、「何かあったら先生に伝える」、「その子どもを叱ったり指導したりするのは先生だけ」ということを徹底させる。
② 子ども同士の間では、1回は質問に答えるが、2回目からの同じ質問には、「さっき言ったよ」「同じことを聞いたよ」と言って、穏やかに質問をさせない方向にもっていくことをクラス全体の取り決めにする。また、本人にもルールとして指導する。
③ 教師との間では、質問をして良い時間を約束する。また、同じ質問を繰り返していることを意識させ、質問の回数が本人にも分かるようにするために、質問した時には表にシールを貼るなど視覚的な目印をつけ、約束の回数以上の質問をしないための工夫をする。
④ 特定の時期や場面になると、急に同じ質問が増えるような時には、本人の何らかのサインと考えられる。気分転換を図る、他の興味や関心に注意を向けさせる、本人の不安を取り除く、適切なコミュニケーションの手段を指導する、といった配慮をする必要があることも考えられる。

支援のヒント2●高機能自閉症・アスペルガー症候群の児童への指導例

小学校5年生の高機能自閉症の男児。ゲームや遊びの最中に、過去に友だちに言われたことを思い出し、いきなり相手をなじり始めてけんかに発展することがあります。このような場合、支援の方法としては以下のようなことが考えられます。

⑤ 厳しい叱責はしない。まず、過去に友だちから言われた内容に関して本人の感じた悔しさを受け止め、それを思い出してしまったことに理解を示す。
⑥ けんかの原因になった過去の友だちの言動は、今の状況と関係がないことを教師と一緒に確認する。
⑦ そのような場合には、相手の児童の方も混乱してしまうので、両者を交えて状況の説明をする必要があることも考えられる。周囲の児童にも、過去のことを思い出しての発言であって、今の状況とは全く関係がないことを了解させ、納得してもらう。
⑧ クラスの他の児童には、前のことを思い出して突然言うのは、本人のくせとして理解してもらうよう配慮する。

Q18 集団での遊びに、なかなか参加できないようですが…

自閉症の子どもは、子ども同士で行う遊びのルールが分からなかったり、活動に参加できずにいることがあります。

自閉症の特性から考えてみましょう

- ゲームや遊びには、言葉をやりとりしたり身体を使う活動や動作が多くあります。リズムに合わせてすばやく言葉を返したり、人の動きを見て瞬時に判断して動いたり、作戦を立てかけひきをするといったことは、自閉症の子どもにとっては苦手なことが多いものです。
- 自閉症の子どもに併存しやすい運動機能の困難のために、他の児童が休み時間の楽しみにしているボール遊びやスポーツ活動には、参加しづらいこともあります。
- 自閉症の子どもは、ゲームや遊びで行う言葉のやりとりや動作そのものができないことに加えて、ルールがなかなか覚えられないことがあります。また、言葉のやりとりや動作をすることで精一杯になってしまってルールが覚えられなかったり、ルールを守ることを意識しすぎて言葉のやりとりや動作がおろそかになってしまい、楽しむことができなくなってしまうこともあります。逆に、興奮してしまってルールが守れなくなったり、こだわり（例えば、一番へのこだわり）が出てしまってルールどころではなくなってしまうこともあります。
- ゲームや遊びには、集団生活の中で教わったり自然に学習していくはずの"暗黙のルール（例えば、順番を守る、かわりばんこにする）"がたくさん含まれています。自閉症児は、指示が具体的でないと理解ができないことが多く、わかりやすく教えてくれる大人か世話役の児童がつかないと活動に参加できないことがあります。
- また、他の児童にとっては「見れば分かる」と思うような身体の動作が、順を追って言葉や絵などで説明しないと、どうすればよいのかまったく分からないこともあります。
- 特に、強い苦手意識を抱いている活動を行っている時には、友だちから何気なく言われたことや、ちょっとした注意に腹を立てたり、どうして自分ばかりこんな目に合うのだろうと落ち込んでしまったりします。

支援のヒント1●自閉症児への指導例

小学校6年生の知的障害を伴う自閉症の男児。体育の時間や休み時間等では、自分の順番が来るまで列に並んで待つことができず、列を離れたり皆とは異なる遊びを始めたり、列の前の方に割り込んでしまうことがあります。このような場合、支援の方法としては以下のようなことが考えられます。

① 日頃から、「順番を守る」ことはどういうことか、さまざまな場面を利用して指導する。
② 自分は列の中で誰の次なのかが明確になるように、自分の前の子の肩に手を置く、目印になる物を教えるなどして、分かりやすく指示する。
③ あと何人になったら戻ってくるという約束をし、「あと○人になったよ、戻ってきて」と声を掛ける。待つ人数を徐々に増やしていく。
④ 少しでも我慢して待てたら大いにほめる。また少しでも長く待てるように言葉がけをする。

支援のヒント2●高機能自閉症・アスペルガー症候群の児童への指導例

小学校5年生の高機能自閉症の女児。一人で遊べるゲームが大好きです。時には友達と仲良くゲームで遊ぶこともありますが、自分でどんどんルールを変更しようとしたり、負けることを嫌がったりします。このような場合、支援の方法としては以下のようなことが考えられます。

⑤ ゲームのルールや遊び方、順番等を、分かりやすい手順カードを利用してていねいに説明する。ゲームの内容によっては、教師の個別的な支援も必要。
⑥ 学級全体で取り組むイス取りゲーム等では、負ける人が出ても仕方がないことなどを事前に説明する。
⑦ 負けることへの抵抗が大きい間は、ある程度本人が満足できるようなゲームを設定したり、自分が勝ったと感じられるようなゲームを用意する必要があることも考えられる。しかし、最終的には、「ゲームでは、勝つこともあれば負けることもある」ことを本人が受け容れられるように、根気よく指導していくことが重要。
⑧ 負けてしまった悔しさを押さえられず興奮して泣き出すようだったら、時には意図的に知らないふりをする。なだめたりせずに、本人が落ち着くまで待ってから指導する。

Q19 休み時間に、みんなと一緒に遊べないようですが…

　自閉症の子どもは、休み時間に、クラスメイトが誘ってもなかなか遊びに加わろうとしなかったり、学級の遊び係の児童が計画したドロケイや、ドッジボールなどには、入っても知らないうちに抜けてしまうことがあります。

自閉症の特性から考えてみましょう

- 自閉症の子どもは、「勝ったり負けたりすること」「鬼になって捕まえたり捕まえられたりすること」などの集団遊びのおもしろさを楽しめないことがよくあります。それは、ゲームの何が楽しいのか分からないことや、臨機応変に行動することが難しいからのようです。
- また、遊びやゲームのルール、作戦等を理解することが苦手なため、参加したくてもできなかったり、クラスメイトに批難されるのが嫌で参加するのをやめてしまっていることがあります。
- 自閉症の子どもは、身体に触れられることに対して、非常に敏感なことがあります。そのために、例えば、鬼ごっこで他の人から体や手をつかまれたりすること、ドッジボールで体にボールが当たることも、大変痛がったり不快に感じたりします。
- 運動機能の困難のためにレクリエーションについていくことが難しく、参加しようとしない場合もあります。
- 休み時間は、自分が興味のあることに没頭する時間に決めていることがあります。（図書館や特定の場所にいて、好きな活動を行ったり、体を前後に揺らすなどの常同行動〈解説11頁❸参照〉にふけっていたりすることもあります。）

　※ 常同行動は、傍からは奇異に映るかもしれませんが、自閉症児・者にとっては自分自身の世界とも言えるものです。授業中と休み時間の区切りをつけて没頭している時は、本人がとてもリラックスして楽しく過ごしていると考えてよいでしょう。

支援のヒント1●自閉症児への指導例

　小学校1年生の知的障害を伴う自閉症の女児。休み時間になっても、学級の子どもたちの遊びに加われません。他の子どもがしている登り棒、鉄棒等の遊具や鬼ごっこには興味を示さず、砂場に一人でいることが多いのです。このような場合、支援の方法としては次のようなことが考えられます。

① 休み時間は一人遊びを楽しむ時間と位置づけ、どのような遊びも無理強いしない。
② 担任が数名の子を誘って砂場で遊び、他の児童と楽しく砂遊びをすることで、同年代の子と互いに関われる機会を作る。
③ 運動機能の困難があってできない活動には、参加することを強要しない。
④ 鬼ごっこの時に、他の児童に触れられることに抵抗を示す様子が見られたら、「タッチする時はそっと」「お手玉のような軽くて痛くない物でタッチする」などの、その子どもに合ったルールを決める。

支援のヒント2●高機能自閉症・アスペルガー症候群の児童への指導例

　小学校5年生の高機能自閉症の男児。休み時間は、学級の多くの子どもたちが遊んでいるバスケットボールやドッジボールには入らず、職員室の前で通りかかる教師に話しかけたり、声をかけてもらったりして過ごしています。このような場合、支援の方法としては以下のようなことが考えられます。

⑤ 無理に他の子と同じ遊びをさせようとしない。
⑥ 対応可能であれば、職員や教育相談員が曜日を決めて、休み時間などに大人と過ごす時間を設定する。
⑦ 図書室の利用や、係・委員会の仕事等、負担にならずに楽しみながらできる仕事も検討し、具体的な休み時間の過ごし方を本人に選択させる。

Q20 みんなで使うものを独占してしまうので、困っているのですが…

自閉症の子どもは、図書室の本やみんなで使う物（ブランコなどの遊具）を独占してしまったり、公共の場でのルールが守れないことがあります。

自閉症の特性から考えてみましょう

- 学校には、個人の持ち物と誰もが使える公共の物がありますが、そのことを理解できなかったり、識別するのが難しい子どもがいます。
- また、公共の場所で決められている、たくさんの人がいつでも使えるようにしておくためのルールやマナーが分からなかったり、なかなか守れなかったりすることもよくあります（例えば、自分が使うブランコを決めていて、ほかの子が使っているのに、どかしてでも自分が使おうとする。「貸して」といった言葉が生活の中で使えない等）。
- 特別に興味があるものへの強いこだわりがあって、他の児童に順番を譲ることができない、「貸し借り」が分からない（貸した物は取られてしまうわけではなく、また返ってくることが分からない）ために、持っている物を手離そうとせず、他の児童とトラブルになってしまうこともあります。
- また、場所や生活時間等、自分なりの決まりに固執したり、変更することを嫌う傾向のある子どもでは、自分のお気に入りの物（例えば、図書室の図鑑など）がいつもの場所に置かれていないと怒ってしまいます。

支援のヒント1●自閉症児への指導例

小学校1年生の知的障害を伴う自閉症の男児。休み時間になると、毎日校庭の水飲み場に行って遊んでいます。そのたびに水が出しっぱなしになっています。時には、砂を入れてしまうために、排水口が詰まってしまうこともあります。このような場合、支援の方法としては以下のようなことが考えられます。

① 「水飲み場は水を飲んだり手を洗ったりする場所」ということが明確になるように、注意書きや絵を貼るといった配慮をする。
② 水飲み場の適切な使い方ができるようになるまで、さまざまな機会を利用して教師が直接指導する。
③ 好きな水遊びを適切な方法でできるように、バケツやじょうろを用意し、使ってよい水の量を約束して決める。
④ 「水飲み場には砂を入れない」「蛇口を忘れずに閉める」等の約束をして、守れたらシールを貼るなど本人の自覚を促すようにする。

支援のヒント2●高機能自閉症・アスペルガー症候群の児童への指導例

小学校4年生の高機能自閉症の男児。休み時間になると必ず図書室へ行き、恐竜図鑑を見て過ごしています。この図鑑は1冊しかないため、他の子は読みたいと思っても我慢しています。相手が低学年の場合など、お互いに譲らずに取り合いのけんかになることもあります。このような場合、支援の方法としては以下のようなことが考えられます。

⑤ 「貸し借り」や「順番」、「自分の持ち物と公共の物の区別」が分かっていない場合には、個別に指導する。
⑥ 他の子にも人気のある本は、複数用意する。また同じ種類の他の図鑑も可能な限り複数用意する。
⑦ 「○○小学校のみんなで読む本」、「一度読んだら次は別の人が読みます。」等の標語や約束を、その図鑑の見やすい箇所に貼っておき、個別に約束やマナーを説明する。
⑧ 気に入ったページやイラスト等をいつも見ているようなら、その箇所やページをコピーして、いつでも見られるように工夫する。

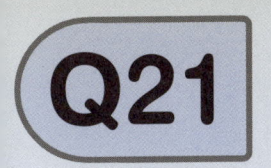

Q21 係活動の指導では、どのような配慮が必要ですか？

自閉症の子どもに係活動を指導する際には、いくつかの留意点があります。

自閉症の特性から考えてみましょう

- 自閉症の子どもは、他の人と一緒に一つのことをやり遂げようとする意識が薄いために、積極的に人と協力して仕事をする様子がみられないことがよくあります。そのために、一人でできる仕事を好む傾向があるかもしれません。
- また、一人でできる仕事は得意ですが、複数の児童と一緒に行わなければならない係活動を行う時にも一人でやってしまおうとするために、他の児童から苦情が出てしまうことがあります。（その際、決められた自分の仕事をきちんと行ったのに怒られる理由がわからずに、混乱してしまうかもしれません。）
- 係活動の意義や仕事の内容が本当には分かっていないため、行動が形式的になりやすく、悪気はなくても相手に不快な印象を与えてしまうこともあります。また、そのことを他の児童に注意されても、何のことだか理解できずにトラブルになってしまうことも想定されます。
- 仕事の手順や動作がなかなか覚えられなくて自信がなく、お手本となる児童と一緒でないと係の仕事ができないこともあります。
- 係活動の中でも、やることがはっきり決まった作業や、特に興味のある活動に対しては自主的に取り組むことができても、臨機応変な行動を求められる活動では、結果的に取り組めないことがあります。

支援のヒント1●自閉症児への指導例

小学校2年生の知的障害を伴う自閉症の男児。帰りの会で各係活動の反省をし、活動したらシールを貼る約束になっています。ある時、本人が仕事をしていないのにシールを貼ろうとしたことで、周囲の子どもとケンカになってしまいました。このような場合、支援の方法としては以下のようなことが考えられます。

① 表にシールを貼るという行為のみにとらわれている可能性がある。そこで、仕事をしたらシールを貼るというルールを再度確認する。
② シールを貼れるような係活動を割り振り、仕事の内容を明確にする。
③ 自閉症児が取り組みやすい作業としては、いつ・どこで・何を・どのようにすればよいか明確なもの、始めと終わりがはっきりしていて手早く実行できるもの、毎回決まった手順で行えるもの、その場の状況に合わせた柔軟な対応を必要としないものが考えられる（例えば、朝の会で使った健康観察板を保健室に届けるなどの係）。
④ 係として割り振る仕事の内容は、本人が得意な領域や興味がもてるものがよい。しかし、毎年同じ仕事をさせることは本人の活動のレパートリーが広がらないので、新学年のたびに再考することも重要。
⑤ 仕事が定着するまで、活動の順番を記した手順表などを本人の目に付くところに置いておく。
⑥ 仕事を行ったことを確認してからシールを手渡すようにする（本人だけでなく周りの子どもも同様にする方がよい）。

支援のヒント2●高機能自閉症・アスペルガー症候群の児童への指導例

小学校4年生の高機能自閉症の男児。黒板を拭く係として、毎回しっかりと活動していたのですが、この日は周りの友だちとけんかになってしまいました。どうやら、まだ黒板の字を写している子がいたのに、その子が消してしまい口論になったようです。このような場合、支援の方法としては以下のようなことが考えられます。

⑦ 係の仕事として、授業終了後黒板をきれいに拭いたことを認め、まずは誉めて共感する。
⑧ 係の仕事をきちんと行ったにも関わらず、トラブルになったわけを本人に考えさせる。原因を理解できない場合は、教師がその理由を本人にわかるように教えることが重要。
⑨ 同じようなトラブルにならない方法を考える。その子にとって分かりやすい方法を話し合う（例：授業が終わる→「消してもいいですか？」と聞く→「いいです」とクラスの人が言う→消す）。
⑩ 新しい方法が記された手順表を用意し、確認しながら行うように支援する。
⑪ その子だけの問題としないで、クラス全体の事としても考え協力し合う。

Q22 給食時間の指導では、どのような配慮が必要ですか？

自閉症の子どもに給食指導をする際には、いくつかの留意点があります。

自閉症の特性から考えてみましょう

- 多くの自閉症の子どもには、どうしても食べられないものがあります。それは、単なる好き嫌いによる偏食とは異なり、味覚・嗅覚・触覚（食感）の過敏性の問題によるものと考えられます。例えば、炊いた後時間が経ったご飯の臭いが苦手で、給食のご飯が食べられない、カレーは大好きでも、給食のカレーは家のカレーと味付けが違うために食べないといったこともあります。
- 多動や食事のマナーの理解に問題があるために、食事中に立ち歩いてしまったり、「始め」と「終わり」の合図を待たずに行動してしまうこともあります。
- 給食当番を嫌がる場合には、理由として次のようなことが考えられます。また、そのために自信を失ってしまったり、他の児童との間でトラブルになってしまうこともあります。
    a. 自分の役割を把握していないために、不安を感じている。
    b. 一度覚えた仕事を同じパターンで行いたがる傾向があるので、メニューや相手に応じて臨機応変に対応できない。
    c. 係が順繰りに変わっていくような場合、仕事の内容が変わると、見通しが持てないために混乱してしまう。
    d. 極端な不器用で、上手に盛りつけができない。量の配分がうまくできない。

支援のヒント1●自閉症児への指導例

小学校6年生の知的障害を伴う自閉症の女児。給食当番になっても何をしてよいのか分からずに、教室内をウロウロしていることがあります。このような場合、支援の方法としては以下のようなことが考えられます。

① 牛乳を配るなど、仕事内容が簡単で、終了の分かりやすい活動から始める。
② 手順を絵カードや写真カードで提示したり、教師や友だちが一緒に手を添えてやってみたりする。
③ 仕事のパターンが身につくまで、一定の仕事を当番として任せる。
④ 給食当番の作業そのものに問題が見あたらないような場合には、給食当番の時に着る、給食当番用のエプロンや帽子が嫌いで、避けようとしていることもある。「給食当番だけが着れる特別な服よ」といった説明で納得する場合もあるが、帽子や手首のゴムの締め付けが嫌なことも考えられる（Q29参照）。

支援のヒント2●高機能自閉症・アスペルガー症候群の児童への指導例

小学校5年生のアスペルガー症候群の男児。偏食が多く、牛乳を飲まなかったり好きなものしか食べない傾向があります。また無理に食べさせようとすると大騒ぎになります。このような場合、支援の方法としては以下のようなことが考えられます。

⑤ 量を減らし、一口だけでも食べてみるように促して様子をみる。感覚（味覚・嗅覚・触覚（食感））上の過敏性の問題も考えられるので、決して無理強いはしない。
⑥ 好きな物だけをお代わりしたがる時は、全部食べたらお代わりという約束を決める。
⑦ 特定の食べ物に関して食べられない傾向がある場合は、食物アレルギーの子どもと同様に、学級での特例として教師自らが理解する。
⑧ 嗜好や家庭の食習慣を把握し、共通理解を深めるために家庭と連携をとり、保護者の意見を指導に取り入れる。

Q23 清掃時間の指導では、どのような配慮が必要ですか？

自閉症の子どもは、清掃のときに行う活動になかなか参加できないことがあります。

自閉症の特性から考えてみましょう

- 自閉症の子どもは、自分のペースで活動することを好み、集団で協力・協調して行う活動を苦手としています。清掃の時間は一斉に掃いたり、拭いたり、運んだりするなど集団での活動が多くあり、苦手な時間の一つであると考えられます。
- また自閉症の子どもの一部には、運動機能（粗大・微細）面においての不器用さも見られます。清掃の時間は、ほうき、ちりとり、雑巾といった用具を使用するための技能も求められるので、苦手なことがあります。
- 上記のような理由から、掃除の時間になると、「そうじはきらい」「そうじはやらない」と言って逃げてしまったり、クラスメイトとトラブルになってしまうことがあります。

支援のヒント1●自閉症児への指導例

小学校2年生の知的障害を伴う自閉症の男児。清掃の時間になると廊下に出たり、水飲み場に行って水道の水を出して遊んだりしています。このような場合の支援の方法としては、以下のようなことが考えられます。

① 清掃の手順について理解させる（例：集まる → 分担された清掃をする［掃く、机やいすを運ぶ、床を拭く、ゴミを捨てる、など］→ 反省会をする）。
② 簡単にできることから始める（例：「ゴミを10個ひろう」「床をからぶきする」「いすを10個運ぶ」など）。
③ 上下・前後・縦横の識別、きれい・きたないの区別がつかないといった認知面の問題があって、指示が理解できずにいる可能性を考慮して指示を出す。（例えば、あらかじめいすの脚にテープなどで印を付けておき、いすを机の上に乗せる作業をする時に、「いすを逆さにする」ではなく「この印を持つ」というような言い方をする、など。）
④ 「そうじがんばり表」などを準備して、評価を視覚的に分かるようにする。

支援のヒント2●高機能自閉症・アスペルガー症候群の児童への指導例

小学校3年生の高機能自閉症の女児。清掃時に、「きのう見たテレビはね…」「うちのネコはとってもおもしろいのよ…」など、友だちに一方的に話していて、いっこうに清掃がはかどらないことが多いのです。友だちからは「少し静かにしてそうじをちゃんとやって」と言われています。このような場合、支援の方法としては以下のようなことが考えられます。

⑤ 見えないゴミはほうきやモップで集めると見えるようになることを実際に見せたり、落ちているゴミを拾ってきれいになると気持ちがよいことなどを示して、掃除をする意義を確認する。また、自分たちが使った場所は自分たちできれいにすることなども、折に触れて教えるようにする。
⑥ 子どもの話を助長しないようにするために、話しかけられても答えないようにする。
⑦ 静かに清掃をする時間を決める（例：音楽が鳴っている間は、話さないで掃除をする）。必要なら、「掃除時間中には私語をしない」というルールを作る。
⑧ 掃除をする際に必要な技術（スキル）が育っていないために、結果的に掃除としての活動ができず、自分の興味の話で時間をつぶしている場合もあるので、簡単にできることから始めたり、作業的に難しい部分を補う工夫をする。（例：たたんだ新聞紙を絞る練習をする。ピンポン玉程度に丸めた新聞紙（水を含んだもの）をほうきで掃く練習をする。床に印をつけておき、ゴミを集める場所をはっきりさせる。）

Q24 行事への参加がむずかしい児童には、どのような配慮が必要ですか？

自閉症の子どもは、行事への参加が難しいことがあります。時には、途中で混乱してしまうこともあります。

自閉症の特性から考えてみましょう

- 自閉症の子どもが、全校で行う朝礼や児童集会等への参加に抵抗を示す場合には、以下のような理由があると考えられます。
    - a. いつもと違うことをするので先の見通しがもちにくい。
    - b. 未経験の行事の進行や様子をイメージすることが難しい。
        - ※ 特に、初めての行事や苦手な活動が含まれている場合には、行事前に強い不安を感じて落ち着かなくなったり、常同行動や自己刺激行動が多くなることがあります。
- また、行事そのものというよりも、以下のような理由から、最後まで参加できないことがあります。
    - a. 校庭や体育館といった、いつもと違う場所や広い場所で行われ、また、多くの人がいるために不安を感じる。
    - b. マイクの反響音や雑音が不快。ハウリングのキーンという音が急に鳴った時に、驚いてしまう。
    - c. 同じ姿勢を維持し続けることが大変で、長く立っているのが困難。暑さや寒さへの耐性が弱いなど。
        - ※ これらの原因のために、行事の際に手や服を咬む自傷行動や、大きな声を出しその場から逃避しようとする行動がみられることがあります。「本当はここにいたくない」ことを表すメッセージであると解釈しましょう。
        - ※ このような行動は、不快感の原因が自分では分からなかったり、コミュニケーションが苦手で人に対して自分の意思を適切に表現することができないために起こることが多いものです。このことは、言葉の遅れのない自閉症児でも同様です。

支援のヒント1 ● 自閉症児への指導例

小学校3年生の知的障害を伴う自閉症の女児。体育館での児童集会の時、列から離れてバレリーナのようにくるくると回り始めます。また、体育座りをして整列している時も、体を揺すって落ち着かない様子を見せます。どうやら、活動に興味がないというよりも、「嫌なことや不安なことから逃避したい」「何をしていいかわからなくて不安」といったことの表現であると思われます。このような場合、支援の方法としては以下のようなことが考えられます。

① 行事の進行や席の移動に不安があると考えられる場合は、並ぶ位置は、「床のラインの上」や「○ちゃんの後ろ」など具体的な目印となる場所にする。
② 周りの子どもの動きが気になったり、人と接近しすぎると情緒が不安定になりやすい場合は、近くの子どもの席から少し離れて座るようにする。可能なら教師が一緒に座る。
③ 周囲の音声などの刺激がストレスとなって起きていると考えられる場合は、静かになってから会場に入るなどの対応も考える。
④ 集会の内容を理解できないことが考えられる場合は、教師がとなりについて解説するようにする。
⑤ 多動やじっとしていられないための行動であると考えられる場合は、少しでも落ち着いていられるようになったときには、大いに褒める。

支援のヒント2 ● 高機能自閉症・アスペルガー症候群の児童への指導例

小学校1年生の高機能自閉症の男児。校庭で行われた「1年生を迎える会」の途中で、行事への参加を我慢できなくなり、校庭に座りこんで土いじりを始めてしまいました。このような場合、支援の方法としては以下のようなことが考えられます。

⑥ 低学年の間は、まだ多動がおさまっていない子どもが多いことを考慮する。あらかじめ分かっている場合には、できるだけ教師がそばにつくようにする。
⑦ 自閉症児は、人がたくさん見ていることを意識したり、人前では恥ずかしいことをしたくないと思う時期が遅れがちになることに配慮した言葉かけをする。「小学生らしくしっかりやろうね」「たくさんのお兄さん・お姉さんが見ているよ」などと言うよりも、自分がするべき行動だけをはっきりと言うようにする（例えば、「名前を呼ばれたら大きな声で返事をしましょう」など）。
⑧ 長い時間同じ姿勢でいることがたいへんな場合は、式のプログラムにメリハリをつけて、適度に姿勢を変えられるように配慮する。
⑨ 行事の意図や内容、進行をわかりやすく書いた表（場合によっては、絵や図入りにするとよい）を作り、個別に持たせておく。

Q25 遠足や社会見学では、どのような配慮が必要ですか？

外に出かけることが大好きな自閉症児でも、遠足や社会見学などの活動を行う際には、配慮が必要なことがあります。

自閉症の特性から考えてみましょう

- 自閉症の子どもの多くは、集団活動のルールの理解が難しかったり、ルールをなかなか守ることができないという困難があります。しかし、遠足や社会見学の際には、普段にまして集団でのルールを守って行動することが要求されるため、特別な配慮が必要になることがあります。
- いつもと違う活動内容を、いつもと違う場所で行うために、先の見通しがつかずに不安になってしまうこともあります。
- 普段は、学校に行って教室で勉強をするといった制約があるために、ある程度は抑えられている「自分の興味や関心を最優先にして行動する」傾向が顕著に表れてしまうことがあります（例えば、乗り物が大好きな自閉症児が、校外活動で乗るバスや電車などに乗ることが最大の関心事で、活動の内容がよく分かっていなかったため、現地に着いた後、何をして良いか分からなくなってしまった、など）。
- 遠足や社会見学の際には、クラスメイト以外の多くの子どもや、仕事や見学に来ているたくさんの大人がいます。予定通りに進行しなかったり、場所や状況に応じて臨機応変に行動することが要求されることもあり、自閉症児にとっては難しい場面も想定されます。

支援のヒント1●自閉症児への指導例

小学校4年生の知的障害を伴う自閉症男児。社会科の校外学習で、学校の近隣の水道事務所に歩いて見学に行く時、歩く速度が遅かったり、列から離れて歩いたりして、目的地に着くまで個別の支援が必要でした。このような場合、支援の方法としては以下のようなことが考えられます。

① 可能なら教師や個別の支援者と手をつないで歩く。
② 手をつなぐのを嫌がる場合は、教師や個別の支援者が手を出して本人につかませるようにする、手ではなく衣服やリュックサックなどをつかませるようにしてみると、うまくいくことがある。
③ 列から離れそうになったら、その度に「水道事務所の人が待っているから早く歩こうね」などと声をかける。

支援のヒント2●高機能自閉症・アスペルガー症候群の児童への指導例

高機能自閉症と診断された2年生の男児。遠足のパン作りの体験教室で、パン作りの説明をしている時に、「作ったパンが食べられる」ことが気になってしまい、「パンはいつ食べますか」と繰り返し質問をし始めました。このような場合、支援の方法としては以下のようなことが考えられます。

④ 「パンを食べたい」という気持ちを受け入れて、だから「頑張ってパン作りをしようね」と答えながら、動機づけを高める方向に話を進めていく。
⑤ グループ全体への話では、活動の流れが理解しにくいので、（後で）パン作りの作業手順や時間の経過などについて個別に話をする。
⑥ パン作りの作業に入ったら、時計が見やすい席にしたり近くに時計を置くなどして、「○時○分まではパン作りの時間で、まだ食べられない」ことが明確に分かるようにする。
⑦ パン作りに参加し、パンができるまで待てていることを誉める。
⑧ 繰り返し同じ質問をするのは、いつもと異なる環境で未体験のことを行っているために不安があることを理解し、可能な限り教師は隣に座り、安心できるように声かけをしながら活動に参加させる。

Q26 運動会では、どのような配慮が必要ですか？

自閉症の子どもには、運動会の時にも、特性に合わせた配慮が必要です。

自閉症の特性から考えてみましょう

- 自閉症の子どもの一部には、運動機能の困難（特に、体全体を使う粗大運動の困難）があって体育科の教科学習が苦手な子どもがいます。そのような子どもにとって運動会は、参加することが非常に大変な行事です。競技そのものがうまくできない、競技ごとに集合場所や並ぶ位置が変わることで混乱してしまう、競技のルールが覚えられない、団体競技で協調できない、（肩を組むなど）他の子どもと接近して行う応援練習に抵抗を示すといったことが考えられます。また、それらのためにクラスや他の組の児童との間でトラブルが起きることも、予想されます。
- 何度も練習をしたり、時間割などが大幅に変わることが受け入れられなかったり、不安になってしまう子どももいます。
- 運動会に向けてクラスや組（赤組・白組など）で団結を強めたり、勝利や目標達成を目指して雰囲気を盛り上げることが理解できないこともあります。
- 運動会の練習は何とか頑張れても、運動会当日はいつもの学校と雰囲気が違い、全校の子どもとその保護者など大勢の人がいることや、スピーカーから流れる大音響のために、不安になって混乱してしまうこともあります。

支援のヒント1●自閉症児への指導例

小学校1年生の知的障害を伴う自閉症の男児。運動会当日になって、練習の時以上の周囲のにぎやかさに不安を感じ、参加するのを嫌がり始めました。このような場合、支援の方法としては以下のようなことが考えられます。

① 本番では校庭の様子がいつもの学校と違うことを想定して、教師と他の児童みんなで介助する役割を分担しておく。教師が、競技運営や係の仕事を持っていて個別に支援できない場合が多いこと、競技ごとに参加する児童が違うことがあり、本人が混乱することが予想されるので、競技ごとに具体的に支援する友達を決めておき、練習時から実行しておく。
② 徒競走では、伴走者がついて一緒に走る。その際、こまめに声掛けをする。
③ フォークダンスや組み体操などの団体競技では、信頼できる友だちと同じグループにする。または信頼できる教師がそばについて一緒に踊る。
④ 本人にとって分かりやすい方法（絵や写真を使うなど）でプログラムを作って、流れをつかみやすくなるような工夫をする。
⑤ 入・退場時に混乱することが予想される場合には、支援者がそばについて誘導する。
⑥ 職員全体に、子どもに必要な、具体的な支援内容を知らせておく。気づいた教師が支援をする。
⑦ 可能な限り早い段階から入退場門の設定を行う。練習中から入場する門と退場する門があると、当日はさらに混乱をさけることが可能になる。

支援のヒント2●高機能自閉症・アスペルガー症候群の児童への指導例

小学校2年生の高機能自閉症の男児。日頃から大きな音や騒がしいのが苦手で、運動会ではピストルの音を嫌がります。また、徒競走では、友だちに抜かれると走るのをやめて、コースの外に出てしまいます。このような場合、支援の方法としては以下のようなことが考えられます。

⑧ ピストルの音を本人が非常に嫌がる場合は、聴覚に過敏性があることも考えられるので、可能な限り、ピストル以外の音でスタートの合図になるものを使う。（または、耳栓の使用を検討する。）
⑨ 走る前に、抜かれても最後まで走りぬくことを約束しておく（Q9参照）。
⑩ 走るのをやめた所から、教師が応援しながら一緒に走る（Q9参照）。
⑪ 運動会では、ゴールのリボンやメダル、一番の旗などにこだわることも考えられる。そのような場合は、本人の気持ちを可能な限り満足させるようにする。ただし、違和感なく自然に行うように配慮をする必要がある。

Q27 参観日や入学式・卒業式などの行事では、どのような配慮が必要ですか？

自閉症の子どもは、いつもと違う場面や状況では先の見通しがもちにくかったり、その理解の仕方が独特であったりするため、参観日や家庭訪問、入学式や卒業式といったセレモニーなどの通常の日課でない行事には、特別な配慮が必要です。

自閉症の特性から考えてみましょう

- 普段は、教室には自分の居場所があり、信頼できる友だちもいるので、安定して過ごせている子どもでも、通常の日課でない行事の時には、緊張と不安のために普段はあまりしない行動（手たたき・体を揺らす・奇声などの自己刺激行動や常同行動〈解説11頁❸参照〉）が出て、活動に参加できなくなることがあります。
- 入学式や卒業式などは、会場となる体育館が広い、集まる人数が多い、正装した来賓など普段あまり来ない人が来るなど、教室とは全く違った場となることにも配慮が必要です。
- セレモニーでは、指示が全体に向けられることが多い一方、必ずしも自分が行動するとは限らない指示も多くあり、その指示もマイクを通してスピーカーから聞こえてくるので、誰が・どこで・誰に向かって指示しているのか分かりにくくなります。そのため、進行についていけなくなってしまうこともあります。
- 式が終わるまで静かに待つことが難しく、苦痛を表すサインの一つとして、自己刺激行動や常同行動〈解説11頁❸参照〉を行う子どももいます。
- また、姿勢保持に困難のある子どもの場合は、長時間立っていることが難しいことにも配慮する必要があります。
  - ※ 自閉症児が、普段はあまりしない自己刺激行動や常同行動を突然始めたり、いつもより過剰になる時には、不安と緊張をそうした行動によって和らげようとしていると見なした方が良いでしょう。この場合は、楽しく没頭しているのではなく、自分を落ち着けるために行っているので、原因となっている不安や緊張を取り除いたり回避するように配慮します。このような、原因を取り除くための配慮をせずに行為そのものを禁止しようとすると、逆にエスカレートしたり、不安が強まってしまい、本人にとっても周囲の人々にとっても良くない結果になってしまうことがあります。

支援のヒント1●自閉症児への指導例

小学校2年生の知的障害を伴う自閉症の女児。普段と違う、張りつめた雰囲気の行事がある日には、緊張すればするほど、体をゆらす、手をたたく、独り言を発するなどの行動が多くなります。このような場合、支援の方法としては以下のようなことが考えられます。

① 信頼できる教師または友だちがそばについて、（本人の抵抗がない範囲で）体に触れる・手をつなぐなどして落ち着かせ、上記のような行動をエスカレートさせないように対応する。
② 支援者がそばについて、子どもがすべき行動の手本を示す。
③ 時計やタイマーを使って、終了時刻の見通しをもたせる。
④ 「あと○分」「あと何回」などの、時間の経過や残り時間が明確になるような声かけをする。
⑤ 必要ならば、その場から一時離れ、トイレ・手洗いをすることで気分転換をさせる。あらかじめ、安定を図るための退避場所を決めておくと良い。

支援のヒント2●高機能自閉症・アスペルガー症候群の児童への指導例

小学校5年生の高機能自閉症の男児。学校行事や集会などが嫌いで、予定や計画を知らせるだけで拒否反応を示します。普段と違うことや未経験の行事は、先の見通しが持てないために、強い不安を感じるようです。また、予定通りの時間に終わらないと、不快感をあらわにします。このような場合、支援の方法としては以下のようなことが考えられます。

⑥ 事前に予定や計画を具体的に説明し、その子が納得できる参加方法を話し合う。
⑦ 信頼関係のできている友だちや、本人が落ち着いて話を聞ける友だちをそばにつけて、不満げな様子が見られたらなだめてもらうようにする。
⑧ 緊張や興奮しているような姿が見られたら、その場から離し、気分転換をさせる。
⑨ 予定時間が延びたら、「○分遅れたから×時×分に終わります」と知らせるようにする。
⑩ 時間の延長があり得る行事を行う際には、「時間が少し延びるかもしれない」と予告をしておく。

Q28 避難訓練では、どのような配慮が必要ですか？

自閉症の子どもは、避難訓練を行う際にも、特別な配慮をする必要があります。

自閉症の特性から考えてみましょう

- 自閉症の子どもが、避難訓練を嫌がったりトラブルを起こしてしまうような場合には、以下のような理由が考えられます。
    a. 避難訓練のような、集団で整然と行動しなければならない活動が苦手。
    b. 実際には起きていない災害を想定しての訓練であるため、活動の趣旨が理解できていない。
    c. 非日常的で見通しが持ちにくい活動なので不安。（常同行動や自己刺激行動が増えることもある。）
    d. 聴覚が過敏なため、サイレンの音が鳴ると、耳をふさいでうずくまってしまう。
    e. 身体を動かすことが苦手で、集団が揃って同じペースで行動することが困難。集団で狭い通路を移動するため、他の児童との身体接触が増えることに苦痛を感じる。
- 避難訓練の意義などは理解しているもの、実際の活動では、その場に合った適切なふるまいができない子どももいます。

    ※ 本人が自分の行動を客観的に評価できるようになる時期には、個人差があります。自分は間違っていないと言い張る時期が長く続くこともあります。しかし、できないことが多く、そのことを自覚している子どもの場合は、行動の自己評価をする時期が早すぎると負の評価が強くなり、自信をなくしてしまう可能性もあります。子どもの状態に合わせた、個別の見極めが大切です。

支援のヒント1●自閉症児への指導例

小学校5年生の知的障害を伴う自閉症の男児。避難訓練が苦手で、なかなか訓練に参加できません。ある時は、無理矢理校庭に避難させられたため大泣きしてしまいました。このような場合、支援の方法として以下のようなことが考えられます。

① 事前に避難訓練があることを予告し、避難訓練で本人のとる行動を、具体的に教えておく。
② 可能ならば、サイレンの音が気にならないように、小さな音量から徐々に慣れさせておく。学級で子どもが耐えられる音量のサイレンで避難する体験をし、成功体験を積んでから実際の避難訓練に臨むようにする。
③ 災害時に避難する理由（例えば、火事の時に建物内にいると危険なことなど）と、何も起きていないのに訓練する理由を教え、納得させる。
④ 突然、サイレンが大音量で鳴ることに驚いてしまうような場合は、耳栓などの使用を検討する。

支援のヒント2●高機能自閉症・アスペルガー症候群の児童への指導例

小学校6年生の高機能自閉症の男児。理解力はありますが、独自の判断で行動しがちです。さらに、身体を動かすことが苦手なため、集団での活動に自信がありません。避難訓練の時に校庭に並んでいて、後ろの子どもと喧嘩を始めてしまいました。このような場合、支援の方法として以下のようなことが考えられます。

⑤ 児童全員が避難を終えるまで待っていなければならないことにイライラしてしまったり、その間に教師からの指示がないためどうしてよいか分からなくなってしまったと考えられるので、校庭に並んだ後に自分がとるべき行動を具体的に教えるようにする。
⑥ 必要なら、事前に実際に避難経路を歩かせてみて、移動することへの不安を解消させる。同時に、それぞれの場所での適切な行動を確認させる。
⑦ 集団で安全に避難するための具体的な決まり（「おさない・かけない・しゃべらない」の"お・か・し"の約束など）を示し、実行できたかどうか訓練終了後に評価することを伝えておく。また、個別に事後指導する。
⑧ 集団で狭い避難路を移動することに何となくイライラしていると考えられる場合には、我慢できたことを褒める。しかし、負担が大きすぎるようなら、本人の並び順を最後尾にし、後ろからついていくようにする。

Q29 被服指導がむずかしい児童への対応は、どうすればよいのでしょうか？

自閉症の子どもは、健康衛生や安全に考慮した被服指導に応じないことがあります。無理に着替えさせようとすると、泣いてパニックになってしまうこともあります。

自閉症の特性から考えてみましょう

- 自閉症の子どもは、（触覚の過敏があるために）特定の素材でできた服しか受け付けない、（温度を感じる感覚が鈍いために）寒暖の変化がわからない、快適に感じる温度が人と違う、特定の色やデザインへのこだわりがあるといった理由から、その場に合った衣服を選択せず、また、指導に応じないことがあります。
- また、運動機能の困難や、自分から見えない部分の身体がイメージできないといった困難があって、着替えの動作がうまくできなかったり時間がかかるために、特に体操着などへの着替えを嫌がることがあります。
- 健康衛生や安全といった概念がイメージできなかったり、「これを着ないと風邪を引く」「とげが刺さるとけがをする」というような実際には起きていないことを想像できないために、被服指導時の説明の意味が理解できないこともあります。
- また、言葉かけをする際には、上記の理由で選択した衣服が周りの他の児童の格好と違っていても違和感を感じない、人に対する関心が全般に薄かったり、人と違っていることを恥ずかしいと思う時期が通常よりかなり遅れることが多い、といったことを念頭において指導する必要があります。

支援のヒント1●自閉症児への指導例

小学校1年生の知的障害を伴う自閉症の男児。登校直後には履いていた上靴や靴下を、いつの間にか脱いでしまい、よく裸足でいます。安全を考えて上靴を履くように指導するのですが、なかなかうまくいきません。このような場合、支援の方法としては以下のようなことが考えられます。

① 裸足でいる時のひんやりする感触やツルツルした床の感触が好き、上靴や靴下の締め付け感が嫌い、といった感覚の問題があることも考えられる。
② 上靴や靴下は、履かなければ痛い思いをする下履きとは違い、履かなくても本人がさほど不都合を感じていないことがある。また、ふだん家の中では靴を履かないために、上靴を履く必要性を感じていない可能性も考慮する。
③ 寸法は合っていてもゴムや縫い目といった、通常なら些細に思えるようなことが気になっている可能性も考える。
④ 以上のことを念頭において、無理強いせずに、最初は上靴や靴下の着用が必要な場所でのみ履けるようにすることを目標にする。
⑤ 安全や衛生を指導する時は、想定される危険性を具体的に示すようにする（例：「けがをする」ではなく、「足をはさむ」など）。

支援のヒント2●高機能自閉症・アスペルガー症候群の児童への指導例

小学校3年生の高機能自閉症の男児。寒暖に合わせた衣服の調節が難しいようです。このような場合、支援の方法としては以下のようなことが考えられます。

⑥ 暑さ寒さを感じる感覚が鈍かったり、本人が快適と感じる温度が人と違っている可能性を考える。
⑦ 寒暖よりも、触覚の快適さを優先している可能性を考える。
⑧ 特定の色やデザインへのこだわりがある可能性を考える。
⑨ 周りの様子を見るように促し、自分のしている格好と違っていることに気づかせる。（自分の着ている服は鏡を使わなければ自分からは見えないため、まず自分がどんな格好をしているか自覚することから始める必要がある。）
⑩ 担任としてどうしても気になるようなら、保護者と相談の上、実際に健康上の問題がなければ特に指導はしない。

Q30 トイレ指導が必要な児童への対応は、どうすればよいのでしょうか？

自閉症の子どもは、トイレ指導が必要なことがあります。また、コミュニケーションがうまくできないことが、トイレに関するトラブルを大きくしてしまうこともあります。

自閉症の特性から考えてみましょう

- トイレになかなか行けない場合には、尿意や便意を感じる感覚が鈍い、衣服の脱ぎ着がすばやくできないことが苦になっている、運動機能の発達の遅れや姿勢保持に困難があるために一連の動作をすることが苦痛（特に和式）、洋式のトイレではお尻がひんやりすることが不快、といった理由が考えられます。
- 特定の形、特定の場所のトイレに強いこだわりがあって、他のトイレには入ろうとしないことがあります。
- トイレの臭い、消臭剤の臭いなどが不快で、特定のトイレに入ろうとしないこともあります。
- 漠然とした不安を感じている時などに、神経が過敏になって身体症状として現われることがあります。頻尿、過敏性大腸症候群の症状が現われた時には、身体的な病気の有無を確認する一方で、「いつもと変わったことはないか」「教師や友だちとの関係はどうか」「子どもが苦手にしている行事などがあるか」等に視点を当てて、本人の不安を探ってみることも大切です。
- トイレに行くことそのものがこだわりになっている場合もあります。
- また、トイレや排泄に関する行動に対する周囲の反応をおもしろがって、不適切な行動をたびたび繰り返すこともあります。

支援のヒント1 ● 自閉症児への指導例

小学校1年生の知的障害を伴う自閉症の男児。校庭で遊んでいる時に、遊具の上からおしっこをするなど、トイレ以外のところで排尿することがあります。このような場合、支援の方法としては以下のようなことが考えられます。

① 尿意を感じる感覚が鈍いといった感覚的な問題があって、トイレに行けないでいる可能性を考える。その場合には、トイレの時間を決め、教師が付き添ってトイレでの排尿を促すようにする。

② 校庭で遊んでいる時には、遊びに夢中になっていて尿意が分からない、遊具の上り下りに時間がかかって間に合わないといったことも考えられる。この場合には、校庭で遊び始める前にトイレに行くように声をかける。

③ 校庭で遊んでいる時に限ってトイレに行けないようならば、校庭のトイレに何か問題があることも考えられる。（例えば、形、トイレの臭い、様式の違いなど。）また、それ以外の場面でのトイレの問題は大丈夫か、一度観察して状況を把握しておく。

④ トイレでの動作や衣服の脱ぎ着に問題があってなかなか行きたがらない場合には、子どもが自分のペースでトイレを使えるように配慮する。また、保護者と連絡をとり、脱ぎ着に時間のかからない衣服を着せるように頼む。

⑤ 周囲がトイレの心配をしすぎるとかえって不安になってしまうことがあるので、着替えを多く持たせるなどして、トイレに対して本人が過剰に気にすることのないように配慮する。

⑥ トイレ以外の特定の場所で頻繁に排尿するような場合、何かに対する不満の現れである、その際の周囲の反応をおもしろがっている、コミュニケーションの手段になっている（注：トイレ以外の場所で排尿すると、教師や周囲の人たちの関心をひくことになる。人との適切なかかわり方が分からないために、このような問題と思われる行動をすることで人とのかかわりを持とうとしていることがある）、といった可能性を考える。

支援のヒント2 ● 高機能自閉症・アスペルガー症候群の児童への指導例

小学校4年生の高機能自閉症の女児。決まったトイレでないと排尿ができません。特に、校外学習の時には、なかなかトイレに入れずにいます。このような場合、支援の方法としては以下のようなことが考えられます。

⑦ どのようなトイレになら行けて、何が問題になっているのか、できる限り探ってみる。形式なのか、臭いなのか、可能な限りの理由を考える。子どもが不快を感じるトイレは、極力避けるようにする。

⑧ 原因が分かることで、本人の不安な気持ちを受け止めることができ、子どもが使用する時だけ一時的に取り除いたり、「ほんのちょっとの間、○○を我慢しようね」といった声かけをすることで、トイレが使えるようになる場合もある。

⑨ 校外学習の際などは、以前に行ったことがあるのならば、その場所のトイレが使えたかどうか保護者に聞いて確認する。初めていく場所のトイレの場合は、事前に下見して情報をできるだけ本人に伝えておく。

連携について

Q31	特殊学級に在籍する児童や、通級指導教室に通う児童への配慮は？	50
Q32	保護者と連携する際の留意点は？	52
Q33	TTあるいは個別支援者による指導が必要な場合の配慮は？	54
Q34	専門機関への受診のすすめ方と受容過程の理解への配慮は？	56

Q31 特殊学級に在籍する児童や、通級指導教室に通う児童への配慮は？

自閉症の子どもの行動を理解し、具体的な対応をするためには、特殊学級や通級指導教室等の担任との連携が必要です。

自閉症の特性から考えてみましょう

- 自閉症の子どもは、さまざまな学校・学級に在籍し、さまざまな形態で学習しています。特殊学級に在籍し、個々の特性に合った学習や自閉症の特性に合わせた特別な支援を受けている子どもでも、交流学習として通常の学級で参加できる学習や活動は行っています。また、通常学級に在籍している子どもが、通級指導教室に通って指導を受けたり、時には一部の教科の指導を特殊学級で受ける場合もあります。（このような場合は、一般的に対人関係を作る際のスキルや、まず小さな集団で社会性のスキルの獲得の仕方を学ぶといった指導が中心になることが多いようです。）
- このように指導者が複数になる場合は、それぞれの指導を担当する教員の間で連携をとり合いながら一貫した指導を行う一方で、他の児童が自閉症の子どもを同じクラスの一員と自然に認識できるような配慮が必要です。したがって、特殊学級等の担任と通常の学級担任との間で、それぞれの役割分担を明確にしておく必要があります。
- 自閉症の子どもは、人とのかかわり方に大きな違いがあることが多いので、無理強いしないことが大切です。しかし、「人とかかわれないのだから、一人で好きなことをしていればいい」と考えてしまうと、人との適切なかかわり方を学習する機会を奪ってしまう結果になってしまいます。「できるところは一緒に、しかし、かかわり方の違いを尊重する」ことが基本になります。
- 同年代の子どもの中にいてうまくやっていけない、他の児童のやっていることに興味を持たないような子どもの場合でも、同じ時間を共有した、同じものを見たといった経験をすることに意義があります。
- 可能ならば、大人の支援や仲介のもとで他の児童とかかわっている関係だけでなく、子ども同士がかかわりを持ち、活動する機会を増やすように指導することも必要です。

支援のヒント1●自閉症児への指導例

小学校5年生の知的障害を伴う自閉症の男児。特殊学級に在籍していますが、通常の学級でも学習をしています。このような場合、特殊学級との連携に関しては、以下のような留意点が考えられます。

① まず学級担任の意識として、特殊学級在籍の子どもも通常の学級の一員として学級経営の中に位置づけ、きちんと指導をする子どもだと認識をする。（このような意識をもつことで、忙しい日常の中で自閉症児の存在を忘れたりメンバーに含めずに活動を計画することを防げる。）また家庭訪問等を実施している学校では、特殊学級等の担任と一緒に訪問するなど、保護者への関係作りにも配慮する。

② 具体的な連携として、年度当初、学期毎、週毎というように時間を作って、特殊学級担任と子どもの状態や特性、家庭の様子などの情報交換を行い、それぞれの場での指導に役立てる（特に基本的な指導のコンセプトを話し合っておき、互いに了承しておくことが重要）。

③ （特殊学級等では、一人一人の状態に応じた個別の指導計画を実際に作成し使用しているので、）特殊学級等の担当者がリーダーシップをとり、交流学習で指導する際の通常の学級での指導目標や具体的な手立てを明確にする。可能ならば、一緒に個別の指導計画を作成すると良い。

④ 保護者の了解を得た上で、特殊学級担任が、自閉症児が発達段階に応じた内容で学ぶ意義や、特殊学級で行っている指導内容、その子どもへのかかわり方などを通常学級担任に分かりやすく説明すると、理解につながりやすい。通常の学級担任は、学級の他の児童に「先生は○○ちゃんのこんなよいことも知ってるよ。だからこんなことをお仕事としてお願いするつもり。」といった肯定的な話をすることで、他の児童への適切なモデルになる役割を果たしていると認識することも重要になる。

⑤ 特殊学級担任と通常学級担任が、互いの学級での子どもの様子を参観して情報交換をする。そうすることで、通常の学級で行う指導や支援が、より具体的で的確なものになる。（そのためのツールとして、個別の指導計画やこの本の記録用紙が利用できる。）

⑥ 特殊学級担任や通級指導教室担任が、通常の学級での支援にTTの形で入るなど、指導や支援形態の工夫をする（通常の学級担任として個別の支援をもらいたい場合は、どの教科でどのような状態のためにこんな支援が必要といった情報を明確に伝えることも時には必要）。

| 支援のヒント2●高機能自閉症・アスペルガー症候群の児童への指導例 |

小学校1年生の高機能自閉症の男児。学習に参加できる教科と参加できない教科があります。また、朝の会や帰りの会でも、状況を考えずに発言して友だちに注意されることがあります。このような場合、特殊学級や通級指導教室と連携しながら支援していく方法としては、以下のようなことが考えられます。

⑦ 教科間の到達度にばらつきが大きいことや、特定の活動に参加しない、状況に合わない発言をするといった様子は、高機能自閉症の特性の現れであることを理解し、特殊学級や通級指導教室の担任から、高機能自閉症の子どもの特性や支援の内容・仕方について、具体的なアドバイスをもらう。

⑧ 特殊学級や通級指導教室でできるようになったことを通常の学級で生かすことができるよう、具体的な指導方針や指導内容、到達度や評価についての情報を双方が共有する。

⑨ 可能なら、学校全体の職員に対して、高機能自閉症等についての理解と指導に関する研修を実施する。その際、特別支援教育コーディネーター（別記参照）にも相談をするなどして、校内委員会（別記参照）にも研修の開催を依頼する。そして、子ども一人一人について、個別に必要としている指導内容などを周知徹底する機会を利用して、学校として統一のとれた指導を行うようにする。

⑩ 在籍の有無にかかわらず自閉症児を指導する教師（例えば、特殊学級に在籍している自閉症児を指導する通常の学級の担任、あるいは通常の学級に在籍している自閉症児を指導する通級指導教室の担当教師）は、ともに家庭との情報交換を行い、その情報を互いに共有しながら、家庭と同一歩調で子どもに対応できるように心がける。

メモ欄

Q32 保護者と連携する際の留意点は？

家庭と学校が連携を取り合って一貫した対応をすると、子どもに安心感を与え、楽しく学校生活を送ることができます。

自閉症の特性から考えてみましょう

- 自閉症の子どもは、行動や反応がある程度予測がつく家庭にいる時と、未知で予測不可能な行動をするたくさんの子どもがいて、いろいろな学習や行事活動をしなければならない学校にいる時とでは、異なった面を見せることがあります。しかし、家庭と学校の双方が情報を交換し合い、今現在一番に取り組むべき課題と、子どもの成長にあわせて取り上げていくべき課題を共有し、時に、家庭と学校が共に協調して同じ一つの課題を行うことが重要になることがあります。
- そのためには、可能ならば双方が協力して以下の情報を収集し、対応に活かしていくことが望まれます。
  - a. 人とのかかわり方（孤立しやすい・一方的にかかわることが多い・誘われれば応じる　など）
  - b. コミュニケーションの手段（口頭でも通じる・文字の方が分かる・絵やサインにした方がよい　など）
  - c. コミュニケーションのレベル（単語だけ・簡単な文章・漢語的な表現や漢字を好む　など）
  - d. こだわりの有無（特定の物や事柄に強く固執している・特に好きなものがあり知識が豊富　など）
  - e. 不安を感じた時にとりやすい行動（パニックになる・うろうろする・おしゃべりになる　など）
  - f. 運動機能と感覚的な特性（聴覚と触覚が過敏・嫌いな臭いがある・体全体を使う運動が苦手　など）
  - g. 本人が興味をもっていること・好みの活動（※ 指導の出発点にしやすくなるため）
- 場合によっては、保護者の要望と教師が学校でできることとの妥協点を探る（例えば保護者が通常の学級で学力をつけることを一番に要望しても、子どもの実態から集団での指導だけでは難しい場合など）ことが必要になることもあります。

支援のヒント1 ● 自閉症児への指導例

小学校4年生の知的障害を伴う自閉症の男児。簡単な会話はできますが、自分のしたことや様子を話すことは難しいです。いらいらすると自分の手や鉛筆をかむ行動が見られます。お母さんは、何とか不適切な行動を減らし、周囲の人とコミュニケーションがとれるようになってほしいと願っています。このような場合、保護者との連携については以下のようなことが考えられます。

① 年度当初に、学校と保護者が連絡を取りながら協力して支援を進めていこうという姿勢を示す。

② 子どもの状態や特性、保護者の願いなどを聞いておくとともに、定期的に面談の機会をもち、成長の様子や今後の課題などを話し合う。

③ 可能ならば、「○○ちゃんの連絡ノート」等を作成し、家庭での様子や学校での様子を互いに知らせ合う。学校で起きたことについて子どもがうまく話せなくても、教師が学校で行ったことや子どもの様子を知らせておくことで、保護者が子どもの記憶を引き出すような言葉かけができ、子どもがその時の経験や気持ちを伝える機会が増える。その結果、子どもの会話を促すきっかけになったりする。

④ 学校での様子（生活や学習など）は、できなかったことを報告するのではなく、「今日はここまでやりました」「こんなふうにやりました」など、極力、肯定的な評価をする。

⑤ 不適切な行動がみられたり、周囲の児童とトラブルになった時には、その具体的な状況といきさつを報告し、どのような支援を行ったかなども知らせるようにする。もし、その日の内に解決できなかった問題や、再発が予想される問題については、今後の対応などを打ち合わせておくのがベスト。

⑥ 保護者にPTAの行事やボランティアなどに参加してもらうことで、学校での子どもの様子を見る機会を増やす、学校との距離が縮まる、保護者同士のつながりができる、などが期待できることもある。

支援のヒント2●高機能自閉症・アスペルガー症候群の児童への指導例

小学校4年生の高機能自閉症の男児。全校集会や自分の苦手な活動があるときは落ち着かなくなり、自分に関係ない会話でも悪口を言われていると思い込んでしまい、トラブルになってしまうことが多いようです。このような場合、保護者と連携しながらできる支援の方法としては、以下のようなことが考えられます。

⑦ 本人が、自分でうまくできないことが分かっていて自信のない活動の情報を学校と家庭の両方で共有し、子どもを責めないように心がける。学校では、子どもが不安を感じやすい行事や苦手な活動については、子どもが安心して臨めるような配慮をし、家庭でも本人が少しでもリラックスできるような対応をお願いする。

⑧ 保護者との間で「連絡ノート」をやりとりしている場合は、子どもの様子をできるだけ肯定的に評価するようにする。また、苦手だけれど少しずつ進歩していることを学校と家庭の両方で肯定的に評価し、子どもの自己評価を高めるように協力する。

⑨ 学校がクラス全体で見守る雰囲気作りをすると、子どもの問題になる行動が減るだけでなく、保護者が安心して子どもを学校に預けることができ、子どもに余裕を持って接することができるという効果も期待できる。保護者の緊張感は子どもに伝わるので、このような配慮は重要である。

メモ欄

Q33 TTあるいは個別支援者による指導が必要な場合の配慮は？

個別対応が必要な自閉症の子どもの指導や支援を、担任一人で行うことには限界があります。校内（支援）委員会を利用して、関係する職員間で指導や対応の方針を立て情報の共有化を図り、可能ならば、個別の指導計画を作成することも一つの方法です。また支援方法としては、TT（ティーム・ティーチング）の活用や個別の支援者による指導の実施も検討する必要があります。

自閉症の特性から考えてみましょう

- 自閉症の子どもにTT（ティーム・ティーチング）や個別支援者による指導の必要が生じるのは、自分一人では活動や教科内容についていけない、口頭で指示された内容が理解できない、全体に対しての指示で行動できないといった学習面の問題ばかりとは限りません。多動で離席が多い（教室の外に出てしまうこともある）、注意が逸れやすい（外から音が聞こえてくると飛び出してしまう、など）といった行動面への対応が必要なこともあります。また、本人にとって苦手な活動を行わなければならない時や、理解できない学習を行っている時などに、目を細めて何かを見つめる・手のひらを目の前でひらひらさせる・独り言が多くなるといった傾向が出ることも多いため、個別に対応する必要が生ずることもあります。

- 自閉症の子どもは、「いつもと同じ状況でいつもと同じ行動をしたがる」といったパターン化によって対応（行動）していることがあります。しかし、同じことでも場面が変わるとできなくなったり、どうすればよいか分からなくて不安に陥ったりします。「いつもと同じ状況」ではなく「別の場面」として新たに学習しなければ対応ができないのです。一見、何の問題もなく学校生活を送っているように見える子どもでも、このような時には、具体的な指示を個別に行う必要があります。

- 個別の支援者や補助教員がいる時しかやろうとしないといった受動性が強く現れた場合、個別の支援者などのかかわり方、指示の出し方、接近の仕方に配慮します（例えば、個別支援の目標を、段階を経ていずれは学級担任の指示で一人で行動できるようにすると考えた場合、困っていることやできないことに支援するのであり、必要以上の過剰な支援はさける。学級担任としては、個別の支援者にお任せ状態にせず、役割分担をしながらイニシアチブをとって対応を図る。など）。

- 高機能児の場合、マンツーマンで人がつくことを嫌う、一人でやりたがる傾向が強いことがあります。このような場合も、かかわり方を工夫する必要があります。

支援のヒント1 ●自閉症児への指導例

小学校1年生の知的障害を伴う自閉症の男児。数字に強い関心を持っていますが、算数では、くり上がりやくり下がりの計算に時間がかかり、授業中は落ち着かず、大声を出したり離席することもあります。そこで、補助の教師（または個別支援者）が加わり、TTでの指導を行うことになりました。このような場合、支援の方法としては以下のようなことが考えられます。

① LT（リーダー教師）とAT（補助する教師）の役割を明確にして対象児を指導する（例：LTは全体指導を中心。ATは対象児に対して、注意の集中を促す、聞き取れなかったことを補助する、分かりやすく教える、など）。

② LTの意識として大切なことは、対象児をATにお任せ状態にせず、常に視野に入れながら学習を進める。また、ATの意識としては、対象児の状態から必要な支援やその方法を探りながら、対象児にとって学級の先生はLTであると認識できるような対応が重要。つまりATは、ある意味で黒子的な役を担っている重要な存在である。

③ 学習の内容や活動が分からないことが大声などの行動の原因であった場合には、通常のATの補助の仕方で十分と思われる。しかし、それでも大声などの行動が減らない場合には、他に不快なことがあるのではないかと考えたり、支援の内容などを検討し直すようにする。

④ 個別支援の原則としては、本人の状態に応じて徐々に支援を減らすように心がけることが大切。そのため、支援方法もLTとともに相談しながら検討していく。

支援のヒント2●高機能自閉症・アスペルガー症候群の児童への指導例

小学校3年生の高機能自閉症の男児。多動で、よく教室を飛び出してしまいます。そのため、補助の教師が加わりTTでの指導を行うことになりました。このような場合、補助教師による支援の方法としては、以下のようなことが考えられます。

⑤ 外から聞こえてくる音につられて飛び出してしまうと考えられる場合は、何の音がどこから聞こえて来る音なのか明らかにして、安心させた後に、補助教師が教室に連れて帰るようにする。

⑥ 教室を飛び出して、決まった場所に行ってしまうような様子がみられる場合は、たとえば、補助教員がその子どもに「今は○○の時間だから後で行こう」とか「担任の先生に確認を取ってから行きましょう」といった支援を行う。その際、子どもにとってあくまでも学級担任が自分の先生であるという自覚を持たせるような配慮をする。また、こだわりが強くどうしても抜け出してしまう場合は、その場の教員に指導をお願いできる体制を整えておく。

⑦ 学習内容に興味がないもの、苦手な課題から逃げ出そうとする傾向が見られる場合には、興味を持たせる言葉かけや問題を分かりやすく説明するなどを心がける。

⑧ 本人の状態や希望に応じて、AT（補助する教師）の支援は徐々に減らすように心がける。

メモ欄

Q34 専門機関への受診のすすめ方と受容過程の理解への配慮は？

自閉症は3歳以前に現われるものですが、診断がつきにくく、また、年齢や成長とともに状態が変わっていきます。就学した後に、専門機関への受診が必要になるケースが、少なからずあります。

自閉症の特性から考えてみましょう

- 自閉症の子どもは、幼児期の内に専門機関を受診し、確定診断を受けていることもあります。このような場合は、就学前に保護者と打ち合わせを行い、家庭と学校が同一歩調を取って対応していくことが必要です。
- 就学後に保護者が気づき、専門機関を受診することもあります。その場合、学校での特別な支援を開始する必要性を指示されることがあります。また、投薬による治療後の学校生活の変化を見て、その観察結果を保護者や医療機関に情報提供していく必要が生じることもあります。
- 学校生活の中で、担任が気づき、保護者に専門機関での相談を勧めることが必要になることもあります。その場合は、保護者の気持ちを受け止めながら、相談を勧めるように配慮します。多くの保護者は、子どもの育てにくさなどに気づいているからです。そのために、子どものことを指摘されることを嫌うこともあります。逆に、育て方に問題があるのではないことを知って、安心することもあります。保護者の気持ちや考え方、これまでの経過なども様々なので、個別対応が必要です。時には、時間をかけて相談を進めていくことも想定されます。
- 保護者との相談の際は、学級担任一人で対応することも大切ですが、時には養護教諭や前学級担任に同席して貰い、多面的で正確な学校での子どもの状態を伝える必要があります。複数の教師と保護者で面談をする場合は、保護者に威圧感を与えやすいので、事前に担任が「保健の先生にも話し合いに入って頂いて良いでしょうか？」といった許可を取るなどの配慮が必要です。また、学校長や特別支援教育コーディネーターに相談内容の概要を報告するなどして、学校全体で支援していくよう心がけましょう。
- いずれの場合でも、診断はゴールではありません。むしろ、支援のスタート地点に立ったと考えます。子どものニーズを知り、家庭・学校・専門機関が連携して、一貫した支援を行うように心がけましょう。

●事例１

A君のお母さんは、幼い頃からA君を育てにくいと感じていました。幼稚園では、言語の遅れや集団に入れないことを指摘されましたが、小学校はあえて通常の学校に入学させました。それは、地域の小学校で他の子どもたちからさまざまな刺激を受けて生活する方が、本人にとって良いと考えたからです。しかし３年生になった現在は、通常の学級で学習することに様々な課題が出てきています。A君の担任は、保護者の気持ちを受け止めながら、専門機関等に相談することのメリットをていねいに説明し、相談後は保護者と専門機関との調整をするように努めました。

●事例２

B君は３年生になりました。担任やクラスの友だちが変わったことで落ち着きがなくなり、離席が目立つようになりました。保護者は、担任やクラスが変わったせいだと思っていましたが、２学期になってもB君の行動は変わりません。そこで、保護者に子どもの様子を詳しく知ることを目的として、教育相談室など身近にある専門機関を紹介しました。
　その結果、B君には知的発達に軽度の遅れとアンバランスがあり、記憶による学習は得意ですが、考えたり意見を交換したりする学習は苦手であることが分かりました。そのため３年生になり、学習がますます難しくなったことで、落ち着かない行動が目立つようになったことも分かりました。さらに、うまく友だちとも遊べないために、クラスで疎外感を持っていることも分かってきました。保護者がB君の状態を受け入れていくには時間がかかりましたが、相談室で保護者もカウンセリングを受けることで、B君を受け止められるようになり、本人のために知的障害特殊学級に入級させることにしました。

●事例３

C君は、小学校３年生の途中で「学校に行きたくない」と言い出しました。学校と保護者が相談を進める中で、保護者が医療機関での受診を行った結果、高機能自閉症と診断されました。中学年になり、他の子どもたちのグループ意識が育つ中で、C君は上手な友だち関係が作れずに浮いてしまったのです。ひそかにいじめも起こっていたのですが、C君はいじめとは理解できずにいました。医療機関では、服薬による医療的な治療を行い、学級では担任による他の子どもへの指導やさまざまな環境整備を行うことによって、C君はまもなく学校に行けるようになりました。

学校全体で取り組む支援体制
── 校内委員会を活用しましょう ──

校内委員会が作られています

　平成14年に文部科学省が実施した調査では、通常の学級に在籍する児童生徒で、LD（学習障害）やADHD（注意欠陥／多動性障害）、高機能自閉症等の状態像を示す子ども達が6.3％いることが分かっています。さらに、通常の学級には、通級指導教室を利用している児童、軽度の知的障害や不登校の児童生徒もいます。また、学校には特殊学級に在籍している児童生徒もいますので、そのような特別な支援を必要としている子どもへの対応の一つとして、学校全体で活動する支援体制作りが早急に開始されてきています。

　学校全体で取り組む支援体制は、「校内委員会」とか「支援委員会」といった名称で呼ばれ、校長先生が指名した「特別支援教育コーディネーター」という立場の先生が中心になり、校内で支援が必要な児童生徒の確認や、その子どもの学習面や生活面での状況把握、さらに具体的な対応について協議を行い、必要ならば外部の専門機関に連携をつないでいくといった役割があります。小学校ならば、在籍する児童を学級担任が一人で対応するといったものから、学級担任だけでなく学校全体で支援をカバーするようになりますし、中学校ならば、教科担任制で時間毎に対応していたものが、やはり学校全体で情報を共有化しながら支援をカバーしていきます。

　このように、校内委員会は、特別な支援を必要としている児童生徒に対応すると同時に、学級担任への支援にもつながるような活動をしていく必要があります。つまり、学級担任だけが悩んだり対応に苦慮するのではなく、職員間で情報を共有し協議していく過程が大切です。自分一人で悩まなくとも良いといった安心感や、校内の先生方のそれぞれの立場（専門性）から、児童生徒への支援内容や方法に関して意見をもらうことで、学級担任として行う支援の選択肢も広がります。

❶ 気づくことから開始します

　学級担任としては、「今年度の自分の学級に自閉症児が在籍している」といった情報が、指導を開始する前から入っている場合はよいのですが、特に高機能自閉症児やアスペルガー症候群の児童では、保護者も気づきにくい場合があったり、たとえ子育てをする中で（うちの子は何か変わっているな…）という感想を持ったとしても、そのような情報を学級担任にわざわざ知らせる必要がないと考える保護者もいるので、情報を得られないまま指導を開始する場合が多くあります。

　しかし、保護者からそのような情報を得ていなくても、30人〜40人といった大きな集団の中での観察から、興味関心の表し方や活動の仕方、対人関係の面などから、「他の子どもと違う」「何か分からないけど従来の指導方法では上手くのらない」といった感想を持ったならば（気づき）、そのまま放置せずに、是非校内委員会で話題にして他の先生方から意見をもらいましょう。

❷ 特別支援教育コーディネーターに相談することも可能です

　教師として積み重ねてきた経験から、何か他の子どもと違うなと気づくことは、とても重要なことです。しかし、誰に相談するのがよいのか迷う場合もあります。校内に特殊教育の担当者がいる場合は、その方に話してみることも大事です。特殊教育の専門家として、担任が気づいた内容からさらに詳細な見立てをしてくれる場合もあります。また、校内に特殊教育の担当者がいない場合は、学年主任や教務主任、あるいは管理職に相談することもあるでしょう。相談相手には、特別支援教育コーディネーターという選択肢もあります。特別支援教育コーディネーターは、校長先生が指名するのですから当然校内の教員です。学校によってさまざまな方が指名されていますが、今のところ特殊教育担当者がその命を受けていることが多いようです。

　特別支援教育コーディネーターの役割は、一言で言うと「校内の職員間の連携窓口と保護者や専門機関との連携窓口」です。つまり、人と人、チームとチームをつなぐ役割を担っています。ですから、その具体的な活動の一つに、校内委員会の運営等が含まれます。誰に相談すべきか迷う場合は、校内委員会を動かすキーパーソンである特別支援教育コーディネーターをお勧めします。

❸ 校内委員会で支援を考えます

　ちょっとした気づきから始まったことでも、「大丈夫かな？」「もう少し様子をみようかな？」と尻込みせずに、まず校内委員会に情報を提供しましょう。校内委員会で検討してもらう際、特別支援教育コーディネーターが中心になり、対象となる子どもの情報を集めることになります。学級担任としては、今までの観察から何が一番に気になるのか、学習や生活場面での様子、友達関係などの様子をまとめておくと、会議では他の先生方に理解してもらいやすくなります。学校によっては、情報を共有するための書式を作成しているところもあります。

　次に、学級担任が出した情報をもとにして、関係職員あるいは全職員で支援内容やその方法を協議します。協議する際のコーディネーター役は、校務分掌上位置づけられている特別支援教育コーディネーターかと思います。学校によっては、月1回の割合で事例検討会を行っているところもあります。出された事例をもとに、学級担任ができる支援、他の職員ができる支援、あるいは学校全体でできる支援を協議して具体化し列挙していきます。また、事例によっては、専門家や専門機関との連携が必要な場合もあります。特別支援教育コーディネーターは外部機関や保護者との連携の窓口になりますので、保護者との相談の上で専門機関に連絡をとっていくこともできます。

❹ 自分の支援をふり返ります

　校内委員会で検討された支援内容や支援方法について、まず学級で実行していきます。1回や2回では結果が出ませんので、月単位で支援内容や方法をふり返ることが重要です。実際に支援してみて上手くいかない場合もあります。また逆に、支援内容が子どもにマッチして、問題と思われる行動もみるみる減っていくという嬉しい結果になる場合もあります。

　ここで大切なのは、上手くいかない場合の要因を考えることです。その際、やはり校内委員会を使うことを勧めます。一月あるいは学期に行った自分の支援は、どのような場面でどんな形で行い、その時の子どもの様子はどんな風だったかを記録からまとめておくと良いかもしれません。「こんな言葉かけでは駄目だったけど、こんな言い方をしたら活動できた」といった日々の記録はとても大切です。そのような情報を校内委員会で再度協議することで、違った視点での助言や、他の先生が試みて上手くいった方法などが参考になる場合があります。

❺ 教育のプロとして記録をつけます

　沢山の児童を指導する通常の学級担任ですから、特定の子どもだけの記録をつけることは難しいかもしれませんが、記録は、子どもの行動の変容を見るときの、あるいは自分が行った支援の評価になりますので、継続することが重要です。特殊教育の経験はなくても、教師としてはプロですから、自閉症の子どもの一般的な障害特性を理解した上で、自分が指導する児童を日々観察し記録をとることによって、その児童により適したオリジナルな支援や対応が生まれてくるでしょう。観察や記録の視点は、特に支援を行った時にどのような反応があったのか、その点に絞って見ていくことや記録をとることでも十分です。

　また、忙しい学校現場ですから、継続して記録をとる場合には、特殊教育担当者から書式等に関するアイデアをもらいましょう。簡略化された方法でも、記録量が増えるほど見えてくることも沢山あります。

より深く知るために
― おすすめ書籍一覧 ―

●東京書籍の関連図書●

自閉症スペクトル ― 親と専門家のためのガイドブック　　　　　自閉症全般について
ローナ・ウイング著　久保紘章・佐々木正美・清水康夫監訳　　　　知るための決定版
344頁　定価2520円（本体2400円）

ガイドブック・アスペルガー症候群 ― 親と専門家のために　　高機能自閉症・アスペルガー症候群について
トニー・アトウッド著　冨田真紀・内山登紀夫・鈴木正子訳　　　　知るための決定版
336頁　定価2940円（本体2800円）

十人十色なカエルの子 ― 特別なやり方が必要な子どもたちの理解のために　障害の基礎理解と特別支援教育のコツを
落合みどり著　宮本信也 医学解説・ふじわらひろこ絵　　　　　　一般の児童から大人までわかる絵本にして紹介
88頁（うちカラー64頁）定価1680円（本体1600円）

ぼくのアスペルガー症候群 ― もっと知ってよぼくらのことを　アスペルガー症候群の子どもの気持ちを知る
ケネス・ホール著　野坂悦子訳　128頁　定価1365円（本体1300円）　ABAの実践も本人の視点から記述

アスペルガー症候群への支援―小学校編　　　　　　　　　　　アスペルガー症候群の子の親でもある小学校教師がまとめた
スーザン・トンプソン・ムーア著　テーラー幸恵訳　　　　　　　　具体的な支援方法やアドバイスを満載
224頁　定価2100円（本体2000円）

アスペルガー症候群への支援―思春期編　　　　　　　　　　　主に中学校・高等学校での具体的な支援方法をまとめた
ブレンダ・マイルズ & ダイアン・エイドリアン著　吉野邦夫監訳　テーラー幸恵・萩原拓訳
272頁位　予価2310円（2006年4月刊予定）

アスペルガー症候群とパニックへの対処法　　　　　　　　　　パニックの原因をさぐり対処するだけでなく、本人が自分に
ブレンダ・マイルズ & ジャック・サウスウィック著　冨田真紀監訳　気づき、落ち着き、自己管理をうながす手だても紹介
152頁　定価1890円（本体1800円）　嶋垣ナオミ・萩原拓訳

アスペルガー症候群と感覚敏感性への対処法　　　　　　　　　感覚上の困難の基礎理解とその困難の改善への取り組み方を紹介
ブレンダ・マイルズ他著　萩原 拓訳　　　　　　　　　　　　　　見過ごされてきた感覚の過敏・鈍感の重要さを紹介する初の書籍
160頁　定価1890円（本体1800円）

自閉症へのABA入門 ― 親と教師のためのガイド　　　　　　　自閉症の子どもたちの日常生活上のスキルの獲得や向上、不適応行動
シーラ・リッチマン著　井上雅彦・奥田健次監訳　テーラー幸恵訳　の改善の促進に効果的なABA（応用行動分析）を紹介
182頁　定価1890円（本体1800円）

書籍紹介ホームページ　http://www.tokyo-shoseki.co.jp

●参考関連図書●

教室で行う特別支援教育　國分康孝・國分久子監修　月森久江他著　図書文化

通常の学級におけるLD・ADHD・高機能自閉症の指導　吉田昌義・柘植雅義他著　東洋館出版社

LD・ADHD・高機能自閉症　就学&学習支援　森孝一著　明治図書

自閉症児の教育と支援　全国知的障害養護学校長会編．東洋館出版社

自閉症ガイドブック シリーズ2 学齢期編　（社）日本自閉症協会

光とともに… ―自閉症児を抱えて―　戸部けいこ著　秋田書店（2004年4月～ TVドラマ化）

自閉症児のための絵で見る構造化　佐々木正美監修　学習研究社

アスペルガー症候群と高機能自閉症の理解とサポート　杉山登志郎他著　学習研究社

高機能自閉症・アスペルガー症候群入門 ― 正しい理解と対応のために　内山登紀夫他著　中央法規出版.

高機能自閉症・アスペルガー症候群「その子らしさ」を生かす子育て　吉田友子著　中央法規出版

あなた自身のいのちを生きて ― アスペルガー症候群・高機能自閉症・広汎性発達障害への理解
グニラ・ガーランド著　中川弥生訳　クリエイツかもがわ

ADHD, LD, HFPDD, 軽度MR児『保健指導マニュアル』　小枝達也編著　診断と治療社

『子どもの障害をどう受容するか』家族支援と援助者の役割　中田洋二郎著　大月書店

協力者一覧

◎編著者らは、本書の内容および本書のベースとなった研究報告書においてご協力くださった方々に対して、そのご氏名を記して、厚く謝意を表したく思います。（敬称略・所属はいずれも当時）

本書内容面

落合みどり　　　ペンギンくらぶ

研究報告書

研究協力者
（五十音順）

浅野享子	茨城県稲敷郡美浦村立木原小学校	教諭	石川えみ子	茨城県東茨城郡茨城町立長岡小学校	教諭
石川恭子	東京都世田谷区立船橋小学校	教諭	植村芳美	東京都西東京市立谷戸小学校	教諭
大口みち子	茨城県土浦市立都和小学校	教諭	大久保眞理子	茨城県つくば市立並木小学校	教諭
岡野栄子	茨城県北相馬郡藤代町立久賀小学校	教諭	小又正美	茨城県那珂郡東海村立白方小学校	教諭
齋藤亨	茨城県ひたちなか市立東石川小学校	教諭	生井紀子	茨城県下妻市立下妻小学校	教諭
萩野由美子	茨城県つくば市立要小学校	教諭	早崎由起子	東京都武蔵野市立桜野小学校	教諭
古市早苗	福岡県遠賀郡芦屋町立山鹿小学校	教諭	星井純子	東京都三鷹市立南浦小学校	教諭
町田裕行	茨城県古河市立第一小学校	教諭	三浦勝夫	東京都国立市立国立第六小学校	教諭
山形美恵子	東京都練馬区立旭丘小学校	教諭			

編集協力者

井伊智子　　　千葉明徳短期大学　　　非常勤講師

● 本マニュアルは、以下の研究報告等を経て、学校現場での実用性をさらに考慮しつつまとめ直したものです。

(1) 国立特殊教育総合研究所分室の課題別研究テーマ「通常の学級における自閉的傾向のある児童の教育に関する研究（平成12～13年度）」が基になっている。

(2) 上記研究の一環として、平成13年1月に「通常の学級における自閉症および自閉的傾向のある児童の実態調査」を実施、自閉症児らを指導する184名の通常の学級担任から自閉症児への対応の（支援）マニュアルの要請があった。

(3) そのために平成13年度～15年度科学研究補助金基盤研究(C)(2)：「通常の学級における自閉症児の支援マニュアルの開発と運用に関する実証的研究」（代表：廣瀬由美子）において、研究分担者（東條吉邦・加藤哲文）や研究協力者とともに、「通常の学級の先生へ ～自閉症児の支援マニュアル（試案）～」を作成する。

(4) 平成15年度の1学期（4月～7月）に、研究協力者17名の学校において、上記「通常の学級の先生へ～自閉症児の支援マニュアル（試案）～」を自閉症児を指導する通常の学級の担任の先生方にモニター実施とその分析・協議を行う。

(5) 平成16年3月に『通常の学級の先生へ～自閉症児の支援マニュアル（改訂版）～』を発行。それと同時に、平成13年度～15年度科学研究補助金基盤研究(C)(2)：「通常の学級における自閉症児の支援マニュアルの開発と運用に関する実証的研究」（代表：廣瀬由美子）の報告書を作成。

編著者紹介

廣瀬 由美子　ひろせ ゆみこ

1956年 埼玉県に生まれる。
茨城大学教育学部養護学校教員養成課程修了。
茨城県取手市立白山小学校，永山小学校，守谷市立松前台小学校において
知的障害特殊学級および情緒障害特殊学級を16年間担当する。
その間，筑波大学大学院修士課程教育研究科を修了。
1999年 国立特殊教育総合研究所分室 主任研究官，
2004年4月より同研究所 教育支援研究部 小中学校教育支援担当 主任研究官。

《共著》
『自閉性障害の理解と援助』コレール社 2003年（第9章　通常学級参加と学級生活スキル援助）
『発達臨床心理学2』コレール社 2002年（(2)特殊学級・通級指導教室への適応とその援助）

《学術誌》
廣瀬由美子・加藤哲文（2000）「ある自閉症児の特別教室への移動技術の形成を目指した一実践—標的行動の獲得を可能にするアセスメント及び指導内容の検討を中心に—」特殊教育学研究, 37 (5), 121-128.
廣瀬由美子・加藤哲文・小林重雄（2001）「自閉症児における通常の学級児童との交流を促進するための教育プログラム—役割活動が及ぼす効果について—」特殊教育学研究, 38(5), 61-70.
廣瀬由美子・加藤哲文・小林重雄（2003）「独語行動の軽減を目指した自閉症児の指導」特殊教育学研究, 41(4), 395-403.

東條 吉邦　とうじょう よしくに

1951年 東京都に生まれる。
東京教育大学大学院教育学研究科修士課程修了。
1979年より国立特殊教育総合研究所勤務，1991年筑波大学より博士（心理学）授与。
1992年同研究所 主任研究官，1999年同研究所 分室長。
2004年4月より茨城大学 教育学部 教授。
日本自閉症スペクトラム学会 編集委員長，日本特殊教育学会 編集委員。
他に 日本臨床発達心理士会，日本心理学会，日本教育心理学会，日本発達心理学会等に所属し活動している。

《著書》
『自閉症児における大脳の左右半球機能差に関する研究』（単著）風間書房刊 1993年《文部省助成学術図書指定》
『心身障害教育と福祉の情報事典』同文書院 1989年，『脳と心のトピックス100』誠信書房 1989年
『自閉症の診断と基礎的問題』学苑社 1993年，『学校カウンセリング辞典』金子書房 1995年，
『新 生理心理学』北大路書房 1998年，『臨床発達心理学概論』ミネルヴァ書房 2002年 等で分担執筆
ほか学術論文多数。

加藤 哲文　かとう てつぶみ

1955年 埼玉県に生まれる。
筑波大学大学院心身障害学研究科博士課程修了。教育学博士。
筑波大学助手，つくば国際大学等を経て，
2000年より上越教育大学 学校教育学部 教授，
上越教育大学 心理教育相談室 室長。
LD教育士スーパーバイザー，学校心理士，臨床発達心理士。

《訳書》
『自閉症，発達障害者の社会参加をめざして：応用行動分析学からのアプローチ』（監訳）二瓶社 1992年

《著書》
『障害児者のコミュニケーション行動の実現を目指す応用行動分析学入門』（共編著）学苑社 1997年
『自閉症児の行動療法Ⅱ』（共著）岩崎学術出版社 1994年
『特別な配慮を必要とする子どものケースワークの基礎』（単著）田中教育出版 2002年
『問題行動の見方・考え方』（共著）開隆堂出版 2003年
ほか学術論文多数。

表紙イラスト：『ファンシー・キャラクター9　学校生活イラスト集』17頁より
提供協力：株式会社エム・ピー・シー
Copyright©1992 MPC編集部

編集協力　山本幸男／編集　大山茂樹／装幀　東京書籍AD 金子 裕

すぐに役立つ **自閉症児の特別支援Q&Aマニュアル**
通常の学級の先生方のために

2004年5月28日　第1刷発行
2007年10月31日　第5刷発行

編著者　廣瀬由美子・東條吉邦・加藤哲文

発行者　河内義勝
発行所　東京書籍株式会社
〒114-8524　東京都北区堀船2-17-1
営業 03-5390-7531　編集 03-5390-7513

印刷・製本所　壮光舎印刷株式会社

東京書籍 書籍情報　http://www.tokyo-shoseki.co.jp/
禁無断転載・乱丁・落丁はお取り替えいたします
ISBN 978-4-487-79998-5 C0037 NDC378
Copyright © 2004 by Yumiko Hirose, Yoshikuni Tojo, Tetsubumi Kato
All rights reserved.
Printed in Japan

記録用紙A

児童氏名 _____　　**指導の記録**　_____

月／日 (記録者)	マニュアル 該当項目	児童の様子	指導内容・結果・経過 等
月／日 (記録者)	マニュアル 該当項目	児童の様子	指導内容・結果・経過 等

記録用紙B

児童氏名 _____ 　指導の記録 _____

月／日 （記録者）	マニュアル 該当項目	問題行動と経過	考えられる理由と対応および結果
月／日 （記録者）	マニュアル 該当項目	問題行動と経過	考えられる理由と対応および結果